RE, 믿음 세우기

정학송 지음

[학습자용]

Walking with Jesus

'Re, 믿음 세우기'에 관해

영어 접두어 'Re'를 표기한 것은 'Re'는 '다시'(again) 또는 '원래의 상태로'(back)를 뜻하므로, 처음 시작하는 사람에게는 올바른 믿음을 세워야 하고 기존의 성도들에게는 다시 믿음을 회복하여 견고한 신앙으로 재무장하도록 한다는 의미에서 제목을 《Re, 믿음 세우기》로 하였습니다.

이 성경 교재의 제목 배경이 된 것은 로마서였습니다. 사도 바울은 로마 교회를 방문하고 싶은 간절한 마음이 있었습니다. 그의 방문 목적은 성령께서 주신 은혜를 로마 교인들에게 나누어 줌으로 믿음을 더욱 강하게 하고, 바울 역시 로마 교인의 믿음을 듣게 됨으로 서로 위로와 격려를 받고자 함이었습니다 (롬 1:11-12).

복음은 예수를 믿지 않는 사람들에게는 구원의 메시지로, 예수를 믿는 우리에게는 믿음을 더욱더 강하게 세우는 메시지입니다. 이러한 믿음을 서로 나눔으로써 위로와 격려를 통해 견고한 신앙으로 성장하게 됩니다. 이 성경 교재가 이러한 목적으로 사용되기를 간절히 바랍니다.

추천사

믿음을 성장시키는 데 있어서 꼭 필요한 것이 복음에 대한 분명한 이해입니다. 내가 어떻게 구원받았으며, 그것이 삶에 어떻게 적용되어야 하는지 명확하게 알지 못하면 성도로서 오늘을 살아갈 방향을 잡을 수 없기 때문입니다. 그래서 이번 《Re, 믿음 세우기》의 출간은 교회 신앙교육에 있어 큰 역할을 감당할 것을 믿어 의심치 않습니다. 성도로서 알아야 하는 기본적인 이해와 그에 대한 실천의 모습을 간결하고 명확하게 전달하고 있기 때문입니다.

특별히 학습자용과 지도자용을 구분하여 제공하는 것 또한 큰 의미가 있습니다. 교회마다 다른 교육 수준은 단지 학생들에게 제시된 질문과 해답만으로 이해할 수 없는 신학적, 교리적 이해의 차이를 가져오기 때문입니다. 학생을 향한 설명을 단지 선생님의 신앙 수준에 맡기지 않고, 질문의 목적과 의도, 그리고 그에 필요한 교리적 해석을 전달해주기 위해 노력한 점은 높이 평가되어야 한다고 생각합니다. 이를 통해 《Re, 믿음 세우기》가 단지 학생의 교육만이 아닌, 교사 재교육과 성장을 위한 역할 또한 감당할 것으로 기대합니다.

바다에 표류하게 되면 주변에 가장 많은 것도, 그리고 가장 부족한 것도 물이라고 합니다. 바다에 떠 있기에 눈에 보이는 것은 물밖에 없지만, 마실 수 있는 물을 찾는 것은 불가능하기 때문입니다. 우리가 살아가는 이 시대가 이와 같다고 생각합니다. 수많은 미디어를 통해 언제나 성경을 공부할 수 있고, 수많은 목사님의 설교를 접할 수 있습니다. 수많은 교회에서 쏟아내는 영상과 자료는 세상을 금방이라도 복음으로 덮어버릴 수 있을 것처럼 보입니다. 그래서 그 가운데 정말 우리를 사로잡고, 하나님께로 인도할 도구를 찾는 것은 더 어렵습니다. 진실되고, 바른길을 제시하는 분명한 길잡이를 찾는 것은 이전보다 더 많은 수고와 노력을 필요로 합니다.

바라기는 이 시대에 바른 복음과 교리를 알려주는 도구로서 《Re, 믿음 세우기》가 그 사명을 다할 수 있기를 기대합니다. 복잡하고 다양한 상황과 환경에서도 흔들리지 않는 기준을 세우고, 하나님을 향해 걸어갈 줄 아는 귀한 성도를 양육하는 지침이 될 수 있기를 바랍니다. 단지 학생만이 아닌, 교사와 공동체를 세우는 손길이 될 수 있기를 바라고, 이를 통해 하나님께서 기뻐하시는 열매가 더 풍성하게 맺힐 수 있기를 기대합니다.

김경진(소망교회 담임목사)

목회자가 성경 공부 교재를 발간하는 것은 상당히 추천할 만한 특징을 갖게 되는데, 첫째는 사랑과 애정이 가득 담긴 교재라는 점입니다. 마치 부모가 사랑 가득한 마음으로 자녀를 위한 교재를 만든 것과 같습니다. 둘째는 눈높이인데, 목회자는 목양의 터에서 매일 만나는 성도들의 눈높이에 맞추어 말할 수밖에 없습니다. 그래서 목회자의 애정과 눈높이를 가지고 쓰인 이 교재는 목자의 사랑으로 진리가 전달되어, 영혼이 자라는 열매를 볼 수 있을 것이라 확신합니다.

조의환(김해교회 담임목사)

정학송 목사는 끊임없이 공부하고 기도하는 목사이다. 그가 오랜 연구의 결과로서 교회 현장에서 무척 유용하게 사용할 수 있는 좋은 성경공부 교재를 펴냈다. 기독교 신앙의 핵심 내용을 쉽고 간결하게 공부할 수 있는 이 성경 공부 시리즈는 목회자와 교인 모두에게 큰 도움이 될 것이다.

박 만(부산 장신대학교 조직신학 교수)

극동방송의 사역 표어 '믿음으로 살리라'에 맞춰 누구에게나 적극 추천할 수 있는 참 소중한 성경 공부 교재를 만나게 되어 매우 기쁩니다. 말씀으로 제자 양육을 위한 오랜 경험과 지혜가 담긴 이 책은 믿음의 본질을 간략하면서도 풍성하게, 쉬우면서도 견고하게 전달하고 있습니다. 우리의 자녀들을 장성한 그리스도인으로, 하나님 나라 일꾼과 제자로 세우는 데 크게 쓰임 받을 것으로 확신합니다.

이인성(창원극동방송 지사장)

머리말

　지금까지 30년여 동안 목회와 선교사역을 감당하면서 다양한 사람들과 함께 신앙생활을 해왔습니다. 강단에서 선포된 말씀이 성도들의 삶 속에 잘 적용되기까지는 훈련과 시간이 많이 필요하다는 것을 느꼈습니다. 이 간격을 메꾸기 위해서는 성경 공부가 절실히 필요하였습니다. 그래서 이 교재는 기독교 진리를 성도들에게 어떻게 하면 올바르게 잘 가르쳐서 굳건한 믿음을 세울 것인가에 대한 오랜 고민과 경험이 바탕이 되어 나오게 되었습니다.

　성경은 환경과 문화를 초월한 살아계신 하나님의 말씀이며 변함이 없는 진리입니다. 성경의 진리에 기반을 둔 가르침만이 성도들의 믿음을 올바르게 세우고 올바르게 이끌어 갈 수 있습니다. 각 교회들마다 형편은 다르지만 진리는 변함이 없기에 이 성경 공부 교재가 잘 사용되어 사람과 교회를 아름답게 세우기를 간절히 바랍니다. 이 교재를 위해 도움을 주셨던 강주석 목사님과 김준기 목사님에게 진심으로 감사를 드립니다.

2024년 1월
정학송

목차

'Re, 믿음 세우기'에 관해 … 2
추천사　김경진(소망교회 담임목사) … 4
　　　　조의환(김해교회 담임목사) … 6
　　　　박　만(부산 장신대학교 조직신학 교수) … 6
　　　　이인성(창원극동방송 지사장) … 6
머리말 … 7

제1과　모든 죄를 해결하신 예수님
1주 차: 창조 이야기-죄 ………………………………………………… 13
　　　　죄의 결과
2주 차: 하나님의 해결책(1) …………………………………………… 17
　　　　하나님의 해결책(2)
　　　　믿음을 통한 구원

제2과　예수님의 주 되심(Lordship)과 순종
1주 차: 주님이신 예수 그리스도 ………………………………………… 22
　　　　그리스도인이 된다는 의미
2주 차: 세상 속의 그리스도인이 되라 ………………………………… 26
　　　　세상에 오염되지 않는 그리스도인이 되라

제3과　예수님의 역할을 계승하신 성령님
1주 차: 예수님께서 보내신 성령님 ……………………………………… 31
　　　　진리이신 성령님
2주 차: 성령의 충만을 받으라(엡 5:18) ……………………………… 35
　　　　그리스도를 닮도록 하는 성령의 열매
　　　　그리스도의 일을 수행하게 하는 성령의 은사

제4과 삼신이 아닌 삼위일체의 하나님

1주 차: 하나님은 삼위일체입니다 42
2주 차: 본질에 있어서 하나이신 하나님 46
　　　　　삼위일체(三位一體)에 대한 거짓 가르침

제5과 세상의 희망, 교회

1주 차: 교회의 주인이신 예수님 51
　　　　　교회 가족(회원) 되기
2주 차: 교회 회원으로서 지켜야 할 의무 56
　　　　　교회가 감당해야 할 사명

제6과 하나님의 말씀, 성경

1주 차: 말씀하시는 하나님 63
　　　　　말씀의 능력
2주 차: 삶의 토대인 하나님의 말씀 68

제7과 하나님과 사귐이 있는 교제, 기도

1주 차: 하나님과 교제할 수 있는 특권 73
2주 차: 주님께서 가르쳐 주신 기도(Lord's Prayer) 76
　　　　　기도에 임하는 올바른 자세
　　　　　도고기도와 중보기도와 합심기도

제8과 삶의 최우선 순위, 예배

1주 차: 하나님을 향한 최고 사랑의 표현인 예배 83
　　　　거룩한 기대를 가지고 예배에 임해야 합니다
2주 차: 하나님께서 정하신 방법대로 드려야 합니다 89
　　　　안식일에서 주님의 날(주일, Lord's Day)로 변경되었습니다
　　　　예배에 임하는 우리의 태도

제9과 하나님의 영광을 드러내는 거룩한 일, 직업

1주 차: 일하도록 부름받은 인간 96
　　　　하나님의 소명(부르심)으로서의 일
2주 차: 직업에 임하는 우리의 자세 100
　　　　일에 대한 잘못된 이해

제10과 양의 옷을 입고 노략질하는 이리(이단)

1주 차: 양의 옷을 입고 유혹하는 이단 105
　　　　비성경적인 이단의 가르침
2주 차: 이단의 가르침이 갖는 공통적인 특징 110
　　　　신도들을 잘못 인도하는 거짓 성경해석
　　　　이단에 쉽게 빠지는 사람들의 특징

제11과 하나님의 지상명령, 복음 전도

1주 차: 전도자이신 예수님 115
제자들에게 위임하신 지상명령
복음 전도에 충실한 제자들
2주 차: 다양한 전도 방법 119
전도인의 자세

제12과 죽음 이후의 삶(내세)

1주 차: 죄의 결과로서의 죽음 123
죽음을 극복한 예수님의 부활
온전한 예수님의 부활
죽음을 잘 준비하는 그리스도인
2주 차: 불신자의 최후의 상태(지옥) 128
신앙인의 최후의 상태(천국)
천국에서의 삶

제1과
모든 죄를 해결하신 예수님

📖 성경 읽기

창 1:1 태초에 하나님이 천지를 창조하시니라

📖 배경 이해

우리 주위에서 볼 수 있는 땅과 나무와 하늘과 인간…이 모든 것에는 시작이 있었습니다. 하나님은 첫 번째 인간인 아담과 만물들을 창조하셨을 때 "좋다"라고 선언하셨습니다. 그러나 하나님은 아담이 혼자 있는 것이 좋지 아니하여 그를 돕는 배필로 여자인 하와를 창조하셨습니다(창 2:18). 이 두 사람은 최초의 부부가 되었고, 그들은 기쁨을 누릴 수 있는 모든 것을 다 가지고 있었습니다. 하나님은 단지 그들에게 선과 악을 알게 하는 나무의 열매만은 먹지 말도록 금하셨습니다.

그러나 그들은 잘못된 결정을 하였는데, 선과 악을 알게 하는 나무의 열매를 먹은 것입니다. 그러한 행동은 모든 인간의 역사에 비극적인 영향을 주었습니다. 이 내용은 성경을 이해하는 데 매우 중요합니다.

1과 1주 차

📚 **함께 나누기**
- 이 세상에 죄가 어떻게 들어왔습니까?

📚 **성경 속으로**

> **창조 이야기-죄**
> 성경은 죄가 어떻게 시작되었으며 인간이 어떻게 해서 죄인이 되었는가를 말해주고 있습니다.

1. 하나님이 창조하신 세상은 하나님이 보시기에 어떠했습니까?

   창 1:10(참고-창 1:12, 18, 21, 25, 31)
   _____
   _____

2. 하나님이 사람을 흙으로 지으시고 생기(생명의 숨)를 그 코에 불어 넣으시니 사람이 '살아 있는 존재'(생령)가 되었습니다(창 2:7). 하나님은 사람을 어떤 형상으로 창조하셨습니까?

   창 1:27
   _____
   _____

3. 아담에게 주어진 하나님의 명령은 무엇입니까?

　　창 2:16-17

4. 아담과 하와는 하나님의 명령에 어떤 행동을 했습니까?

　　창 3:6-7

📚 심화학습(1-4)

- 하나님이 흙으로 인간을 만드신 이유가 무엇입니까?
- 하나님이 인간에게 자유를 주셨을 때 가장 큰 고민은 무엇입니까?

죄의 결과

성경은 인간이 하나님에게 불순종한 행동을 죄라고 부릅니다. '죄'를 나타내는 헬라어 하말티아(ἀμαρτία)의 본뜻은 당신이 화살을 가지고 과녁을 향하여 쏘았을 때 '그 과녁에서 벗어나는 것'을 말합니다. 또한 성경은 죄에 대한 두 개의 다른 개념을 가지고 있습니다. 먼저 죄(sin)는 '하나님이 우리를 보호하기 위해 정하신 금지된 선이나 영역을 넘어서는 것(침해)'을 말합니다. 다른 하나의 죄(iniquity)에 대한 개념은 '죄가 가지는 가장 추악하고 파괴적인 결과'를 말합니다. 죄는 다양한 종류의 색깔을 가지고 우리 안에 들어와 우리의 본성을 비틀고 왜곡하고 파괴합니다. 죄의 결과로 어떤 일이 일어났습니까?

5. 죄로 인해 하나님과 우리 사이는 어떻게 되었습니까?

   사 59:1-2

6. 하나님은 아담과 하와의 죄에 대해 어떤 벌을 내리셨습니까?

   하와에게 주어진 벌(창 3:16):

   아담에게 주어진 벌(창 3:17):

   아담과 하와에게 주어진 벌(창 3:19):

7. 성경은 우리가 죽은 후에 어떤 일이 일어난다고 말하고 있습니까?

   히 9:27

📚 심화학습(5-7)

- 하나님께서는 인간을 값으로 매길 수 없는 아름다운 걸작품(엡 2:10)으로 창조하셨는데 왜 인간은 만족하지 못하고 살아갑니까?
- 여자에게 해산의 고통을 주신 이유가 무엇입니까?
- 왜 인간의 죽음은 때와 장소와 나이에 상관없이 일어납니까?

📚 핵심정리

죄를 지은 인간은 반드시 죽어야 한다는 것이 하나님의 공의라고 한다면 하나님은 왜 인간을 창조하셨습니까? 그렇다면 인간을 위한 하나님의 사랑은 도대체 무엇입니까? 이 질문에 관한 것은 2주 차에서 배우겠습니다.

📚 1과 1주 차를 통해 배우고 느낀 점을 함께 나누어 보십시오.

📚 결단의 기도

1과 2주 차

📚 함께 나누기
- 하나님이 예수 그리스도를 이 땅에 보내신 이유는 무엇입니까?

📚 성경 속으로

> **하나님의 해결책(1)**
>
> 인간의 죄에 대한 형벌의 결과는 죽음이었습니다. 아담과 하와는 죄를 지은 이후 자신들의 죄에 대해 깨닫게 되었습니다. 하나님께 너무 부끄러워 무화과나무의 잎을 엮어 자신들의 몸은 가렸지만 죄는 가릴 수가 없었습니다. 하나님은 죄인인 아담과 하와를 찾으셨고, 그들은 하나님을 피해 도망을 다녔습니다. 인간을 위한 하나님의 사랑은 무엇입니까?

1. 하나님은 아담과 하와의 첫 번째 죄를 어떻게 하셨습니까?

    창 3:21

2. 죄의 용서를 위해 필요한 것은 무엇입니까?

    히 9:22

3. 동물의 피는 궁극적으로 우리의 죄를 없앨 수 있습니까?

히 10:4

📖 **심화학습(1-3)**
- 하나님이 인간에게 가죽옷을 지어 입히신 이유는 무엇입니까?
- 왜 동물의 피입니까?

> **하나님의 해결책(2)**
>
> 인간을 위한 하나님의 사랑은 하나밖에 없는 독생자 예수 그리스도를 이 땅에 보내주신 것입니다.

4. 구약 이스라엘 역사 속에 나타난 유월절 어린 양의 죽음의 피는 장차 십자가 위에서 죄인들의 죄를 대속하기 위해서 흘리실 예수 그리스도의 대속의 피를 상징합니다.

출 12:13

구약의 마지막 선지자인 세례 요한은 예수님을 공식적으로 어떻게 소개하였습니까?

요 1:29

5. 예수님이 이 땅에 오신 목적은 무엇입니까?

　　마 1:21

6. 예수님의 보혈(피) – 그의 희생적인 죽음은 우리를 위해 무엇을 하였습니까?

　　엡 1:7(참고–롬 5:9; 요일 1:7)

📚 심화학습(4-6)

- 하나님이 인간이 될 수 있습니까? 하나님이 인간이 된다면 어떤 문제가 발생합니까?
- 예수님의 죄 사함(용서)에는 과거, 현재, 그리고 미래까지도 다 포함되어 있으니 죄를 지어도 다 용서받을 수 있습니까?

> **믿음을 통한 구원**
>
> 우리는 우리 스스로를 구원할 수 없습니다. 우리 믿음의 기초는 예수 그리스도입니다. 예수님은 우리의 죄를 위해 죗값을 지불하셨습니다.

7. 우리가 어떻게 하면 구원(죄의 용서)을 받을 수 있습니까?

　　엡 2:8-9

심화학습(7)

- 당신은 그리스도인이 되는 과정을 말할 수 있습니까?

핵심정리

죄의 결과는 죽음입니다. 이것은 누구에게나 예외 없이 적용되는 것(공의)입니다. 그러나 인간을 사랑하시는 하나님이 이 문제를 해결하기 위해서 예수 그리스도를 이 땅에 보내셨습니다. 하나님이 인간의 모습으로 이 땅에 오신 것입니다. 예수님은 인간의 죄를 대신하여 십자가에 돌아가심으로 인류의 모든 죄를 해결하셨습니다. 이것이 인류를 위한 하나님의 사랑입니다. 그러므로 누구든지 예수 그리스도를 나의 구세주로 믿는 사람들은 영원한 생명을 얻을 수 있습니다.

1과 2주 차를 통해 배우고 느낀 점을 함께 나누어 보십시오.

결단의 기도

제2과
예수님의 주 되심(Lordship)과 순종

성경 읽기

눅 6:46-48 너희는 입으로는 '주여, 주여!' 하면서도, 어찌하여 내가 말한 것을 실천하지 않느냐? 내게로 와서, 내 말을 듣고, 그대로 실천하는 사람은 반석 위에다 튼튼히 기초를 놓고 집을 짓는 사람과 같다. 홍수가 나서 큰물이 들이치더라도, 그 집은 무너질 염려가 전혀 없다(쉬운말성경).

배경 이해

예수님을 '주'(主, Lord) 또는 '주님'이라고 부르는 것은 그가 성자 하나님(신성)뿐만 아니라 육신(인성)으로도 하나님이심을 말합니다. 또한 이 말씀의 의미는 이 세상의 참된 통치자(주권)는 예수 그리스도이며, 그의 말씀도 하나님의 말씀이기에 신뢰하고 순종해야 함을 의미합니다. 우리가 예수 그리스도를 믿고 순종해야 한다는 것은 구원이 우리의 완전함에 달려 있다는 것이 아닙니다. 오히려 예수님을 주님으로서 따르는 것은 그리스도께 완전히 항복하고 순종하는 태도입니다. 이러한 순종이 우리가 세상에 살지만 세상에 속하지 않는 구별된 삶을 살게 합니다.

2과 1주 차

📚 **함께 나누기**
- 우리가 예수님을 믿고 그의 말씀에 순종해야 하는 이유가 무엇입니까?

📚 **성경 속으로**

> **주님이신 예수 그리스도**
> 예수를 믿는다는 것은 삶의 모든 영역에서 '나의 주인'으로 받아들이는 것입니다.

1. 베드로는 예수님을 어떻게 고백하였습니까?

   마 16:16

2. 바울은 예수님에 대해 무엇이라고 기록하였습니까?

   빌 2:6-7

📚 **심화학습(1-2)**
- 예수는 이름인데 그의 이름 대신에 부르는 칭호들(주, 주님, 그리스도, 예수 그리스도, 하나님의 아들, 독생자)이 너무 많습니다. 이처럼 예수님 이름 대신에 호칭으로 불러도 좋습니까?
- 예수님이 하나님의 본체(본질)에서 종의 형체(사람)가 되었다면 하나님이 신적 능력을 잃어버린 것이 아닙니까?

> **그리스도인이 된다는 의미**
> 그리스도인은 된다는 것은 그리스도께 속한 사람이며 그리스도께 순종하도록 부르심을 받았다는 의미입니다.

3. 우리가 예수님을 주로 믿는다면 무엇을 해야 합니까?

   눅 6:46

4. 예수님의 말씀에 따르면 누가 천국에 들어갈 수 있습니까?

   마 7:21

5. 하나님이 이스라엘 백성들을 40년 동안 광야 길을 걷게 하신 이유가 무엇입니까?

   신 8:2

6. 야고보서에 따르면 귀신에게 없는 것이 무엇입니까?

약 2:19-20

7. 야고보서는 행함(순종)이 없는 믿음을 무엇이라고 했습니까?

약 2:26

📖 심화학습(3-7)

- 행함(순종)은 나의 삶을 위한 하나님의 계획과 뜻을 받아들이는 것을 의미합니다. 행함(순종)이 없다면 진정한 믿음을 가질 수 있습니까?
- 행함(순종)은 하나님의 길을 나도 간다는 동의입니다. 행함(순종)이 어려운 이유가 무엇입니까?

📖 핵심정리

믿음의 대상은 예수 그리스도입니다. 그분은 세상을 다스리시는 주님입니다. 예수님은 우리 삶의 모든 영역에서의 주인이시기에 우리는 모두 그분에게 순종하도록 부르심을 받은 것입니다.

📚 2과 1주 차를 통해 배우고 느낀 점을 함께 나누어 보십시오.

📚 결단의 기도

2과 2주 차

📖 **함께 나누기**
- 그리스도인과 비그리스도인의 차이는 무엇입니까?

📖 **성경 속으로**

> **세상 속의 그리스도인이 되라**
>
> 그리스도인이 된다는 것은 세상(마귀)의 자녀에서 하나님의 자녀로 신분이 변화된 것입니다. 이 세상에 살면서도 세상에 속하지 않는 사람입니다. 이전과는 전혀 다른 생활 방식과 사고방식을 따라 살게 됩니다.

1. 누가 하나님의 자녀가 되는 권세를 받습니까?

   요 1:12

2. 새로운 피조물(새로운 존재)이 될 수 있는 조건은 무엇입니까?

   고후 5:17

3. 예수님이 우리를 위해 기도하신 내용은 무엇입니까?

요 17:15-17

4. 예수님이 세상 가운데 살고 있는 우리를 향해 바라시는 것은 무엇일까요?

마 5:13-14

📚 심화학습(1-4)
- 탕자처럼 살면 하나님의 자녀로서의 신분이 사라지는 것입니까?
- 누군가가 당신의 삶을 읽고 있다는 것을 아십니까?

> **세상에 오염되지 않는 그리스도인이 되라**
>
> 세상에서 도피하여 거룩함을 보존해서도 안 되고, 세상에 순응하여 거룩함을 희생시켜서도 안 됩니다(존 스토트). 당신이 세상을 변화시키지 못하면 세상이 당신을 변화시킵니다. 먼저 당신이 세상에 오염되지 않아야 합니다.

5. 사도 바울은 어떻게 하면 이 세대를 본받지 않을 수 있다고 하였습니까?

롬 12:2

6. 바울은 다음과 같은 일을 행하는 사람들에게 어떤 일이 일어날 것이라고 경고했습니까?

갈 5:19-21

7. 어떤 사람이 복 있는 사람입니까?

시 1:1-2

심화학습(5-7)

- 존 스토트가 쓴 《제자도》에 있는 내용입니다. 한 힌두인 교수는 "그리스도인들이 예수 그리스도처럼 산다면, 인도는 내일이면 너희 휘하에 있게 될 것이다"라고 말했습니다. 또한 아랍의 무슬림에서 개종하여 목사가 된 아스칸다르 야디드(Iskandar Jadeed)는 "모든 그리스도인들이 그리스도인이라면, 오늘날 이슬람은 없을 것이다"라고 말했습니다. 이에 대하여 당신은 어떻게 생각합니까?
- 당신에게 성공은 어떤 것입니까? 당신에게 복의 의미는 무엇입니까?

핵심정리

인간은 사회적인 동물입니다. 태어나면서부터 죽기까지 관계를 맺고 살아갑니다. 예수님을 믿는 사람들도 예외가 아닙니다. 그러나 예수를 믿는 사람들은 삶의 원칙이 있습니다. 세상 사람들과 함께 어울려 살지만 구별된 삶을 살아 그들에게 영향을 주고 예수님께로 인도해야 합니다. 만일 믿지 않는 사람과 함께 일을 할 때 그 일로 인해 내 신앙을 잃게 된다면 그 일을 하지 않는 것이 좋습니다. 왜냐하면, 하나님은 다른 길을 열어 주시기 때문입니다. 그러나 세상 사람들을 대하는 원칙은 사랑과 용서와 겸손입니다.

📚 2과 2주 차를 통해 배우고 느낀 점을 함께 나누어 보십시오.

📚 결단의 기도

제3과
예수님의 역할을 계승하신 성령님

📚 성경 읽기

요 14:26 보혜사 곧 아버지께서 내 이름으로 보내실 성령 그가 너희에게 모든 것을 가르치고 내가 너희에게 말한 모든 것을 생각나게 하리라

📚 배경 이해

우리는 성부(아버지) 하나님, 성자(예수님) 하나님, 그리고 성령 하나님을 믿습니다. 성령님은 구약시대 때부터 하나님과 함께 세상을 창조하셨으며(창 1:2, 2:7), 소수의 특별한 사람들에게 예술(출 31:1-6)과 지도력(삿 6:34)을, 또 특별한 힘(삿 14:19)을 주셔서 하나님의 뜻을 이루게 하셨습니다.

예수님은 성령을 받을 필요가 없었지만 인간의 몸으로 이 땅에 오셨기에 구원 사역을 이루기 위해서 성령을 받으셨으며(마 3:16-17), 이때에도 역시 성령님은 소수의 특별한 사람에게만 임하셨습니다. 부활하신 예수님이 제자들과 40일 동안 지내다가 승천하시기 전 제자들에게 너희는 몇 날이 못 되어 성령을 받을 것이라고 약속하셨습니다. 예수님이 약속한 말씀대로 성령님이 제자들에게 임하셨습니다. 성령님은 예수님처럼 인격을 지니신 분입니다. 그분은 예수님이 이 땅에서 행하셨던 것과 동일하게 예수님의 역할을 계승하셨습니다.

3과 1주 차

📖 함께 나누기
● 성령이 꼭 필요합니까?

📖 성경 속으로

> **예수님께서 보내신 성령님**
> 기독교 신앙은 성부 하나님, 성자 하나님과 마찬가지로 성령 하나님을 고백합니다. 예수님이 보내신 성령님은 제자들과 함께하시며 예수님의 역할을 대신하고 예수님이 이 땅에 하셨던 일들을 행하시기 위해 오셨습니다.

1. 성령의 다른 이름은 무엇입니까?

   1) (   )

   요 14:16

   2) (   )

   요 14:17

3) (   )

요일 2:1 _____

_____

📖 심화학습(1)

- 성령님은 우리 가운데 활동하는 비인격적인 존재입니까, 아니면 인격을 가지신 분입니까? 만일 인격을 가지신 분이라면 당신의 삶과 어떤 관계가 있습니까?

> **진리이신 성령님**
>
> 진리이신 예수님이 제자들에게 진리를 가르쳐 주셨던 것처럼 진리의 성령님도 예수님처럼 우리들에게 진리를 가르쳐 주십니다. 성령님은 말씀을 벗어나서 가르치시지 않습니다(요 16:13). 즉 성령님이 가르쳐 주실 진리는 예수님 안에 있는 진리입니다. 이것에 어떤 것을 더 첨가하는 것이 아닙니다. 그리스도를 영접할 때 우리는 성령을 받습니다(행 2:38). 그렇다면 우리에게 임하신 성령님은 어떤 역할을 합니까?

2. 예수님이 누구신지 알게 하여 믿음을 갖게 하십니다.

고전 12:3 _____

_____

3. 성경 말씀을 이해할 수 있도록 가르치고 동시에 분명하게 기억하도록 도우십니다.

요 14:26

4. 죄를 깨닫게 하고 회개하게 하시며 사람들을 진리 가운데로 이끄십니다.

요 16:8

요 16:13

5. 하나님의 영적 가족이 되도록 하십니다.

롬 8:15

6. 우리의 기도를 도와주십니다.

롬 8:26

7. 예수님의 증인이 되게 하십니다.

행 1:8

📚 **심화학습(2-7)**

- 성령님의 사역이 없으면 예수님을 '구원자'라고 고백할 수 없고, 하나님의 말씀을 이해할 수도 없습니다. 그런데 귀신들도 예수님이 누구인지 잘 알고 있습니다(막 1:24; 약 2:19). 그렇다면 귀신들이 예수님을 잘 알고 있는 것도 성령의 사역 때문입니까?

📚 **핵심정리**

　예수님이 승천하신 이후 이 땅에 오신 성령님은 예수님의 역할을 계승하셨습니다. 그분은 예수님처럼 인격을 가지고 계시며, 다른 이름을 가지고 계십니다. 성령님이 우리에게 오셔서 예수님이 누구인지 알게 하시고, 우리의 죄를 깨닫게 하시고, 우리의 삶을 변화시켜 증인이 되게 하시고, 하나님의 백성으로 살아갈 수 있도록 도와주십니다.

📚 3과 1주 차를 통해서 무엇을 배웠는지 함께 나누어 보십시오.

📚 **결단의 기도**

3과 2주 차

📚 함께 나누기
- 그리스도인들에게 날마다 성령 충만이 필요한 이유가 무엇입니까?

📚 성경 속으로

> **성령의 충만을 받으라(엡 5:18)**
>
> 믿음을 가진 사람들에게 '성령을 받는다'는 것은 '성령 충만'을 의미합니다. '성령의 충만을 받으라'(엡 5:18)고 하였습니다. 이것은 하나님의 명령이고, 하나님의 뜻입니다. 성령 충만은 하나님께서 나를 온전히 지배하신다는 뜻이고, 나의 모든 권위를 하나님께 내어드리는 것입니다. 우리를 지배하시는 성령님은 우리를 성령 충만케 하여 하나님의 일을 효과적으로 잘 감당하도록 하십니다. 성령 충만은 한 번 일어나는 일회적 사건이 아니라 평생에 걸쳐서 지속적으로 일어나야 하는 사건입니다.

1. 성령님은 우리에게 하나님의 일을 잘 감당할 수 있도록 능력을 부어 주십니다.

    행 1:8

    행 3:6

2. 성령님은 죄를 이겨 거룩한 삶을 살도록 하십니다.

갈 5:16

3. 어느 때 성령 충만을 받게 됩니까?

1) (   ).

행 2:38

2) (   ).

눅 11:13

3) (   ).

행 5:32

4) (   ).

행 19:6

5) (   ).

행 10:44

📖 심화학습(1-3)

● 다음은 성령으로 충만한 사람의 삶의 모습입니다. 당신은 어떻습니까? 아래의 사항을 체크하며 당신을 점검해 보십시오.

...... 하나님을 뜨겁게 찬양한다.
...... 이웃을 예전보다 더 사랑한다.
...... 믿지 않는 사람들에게 주님을 증거한다.
...... 문제가 있을 때도 기뻐한다.
...... 시험이 닥쳐와도 주님께 맡긴다.
...... 범사에 감사한다.
...... 성경을 읽고 기도하며 기뻐한다.

그리스도를 닮도록 하는 성령의 열매

성령님은 믿는 이들의 삶이라는 토양에 심긴 씨앗과 같습니다. 그 씨앗이 잘 자라도록 밭을 일구고 영양분을 잘 공급하면 아름다운 과실수가 되어 열매를 맺게 됩니다. 우리는 성령의 열매를 통해 그리스도의 성품을 닮아감으로써 옛 본성인 육에 따라 살지 않고 하나님의 말씀에 따라 살아가게 됩니다.

4. 성령의 열매는 무엇입니까?

갈 5:22-23

그리스도의 일을 수행하게 하는 성령의 은사

한글로 '은사'라고 번역한 '카리스마'(헬)는 '은혜의 선물'입니다. 하나님께서 주신 은사는 다양합니다. 이러한 은사들을 통해 우리는 하나님을 잘 섬길 수 있습니다. 하나님은 개인의 유익과 형편에 맞게 성령의 은사를 주어 교회를 섬기도록 하셨습니다. 더 큰 은사가 있는 것이 결코 아닙니다. 또한 은사의 최종 목적은 하나님께 영광을 돌리는 것이기에, 은사를 기준으로 영적인 우월(신앙의 성숙)을 주장해서는 안 됩니다.

5. 성령의 은사들에는 어떤 것들이 있습니까? 또한 성령의 은사를 주신 목적은 무엇입니까?

고전 12:8-10

엡 4:11-12

6. 바울은 우리 각자에게 주신 은사를 가지고 어떻게 섬기라고 했습니까?

벧전 4:10-11

7. 성령의 열매가 하나님의 성품을 나타낸다면 성령의 은사(선물)는 하나님의 능력을 나타냅니다. 우리는 영적인 은사들을 갈망해야 합니다. 이 모든 은사가 아름답게 꽃을 피울 수 있는 방법은 무엇입니까?

고전 13:1-3

📖 심화학습(4-7)

- 만일 어떤 그리스도인이 사랑과 인내와 같은 인격적인 열매를 맺으면서도, 방언이나 예언 같은 은사를 받지 못했다면 어떻게 생각하십니까?

📖 핵심정리

우리 모두는 성령을 받아야 합니다(성령 충만). 성령은 믿는 사람들에게 성령의 열매를 맺게 하여 하나님의 성품을 닮게 할 뿐만 아니라 성령의 은사를 주어 하나님의 일을 할 수 있도록 능력도 주십니다. 성령의 열매와 성령의 은사 중에서도 가장 중요하게 생각해야 하는 것은 사랑입니다. 사랑이 없으면 사람들에게 유익을 주지 못합니다.

📚 3과 2주 차를 통해 배우고 느낀 점을 함께 나누어 보십시오.

📚 결단의 기도

제4과
삼신이 아닌 삼위일체의 하나님

📚 성경 읽기

마 28:19 그러므로 너희는 가서 모든 민족을 제자로 삼아 아버지와 아들과 성령의 이름으로 세례를 베풀고

📚 배경 이해

기독교 신앙에서 참으로 이해하기 어려운 진리이며 신비인 것 중 하나가 삼위일체 하나님입니다. 어떻게 세 분의 하나님이 동시에 한 분의 하나님으로 존재할 수 있을까요? 성경에서 말하는 세 분의 하나님은 성부 하나님, 성자 하나님, 그리고 성령 하나님입니다. 성경에는 '삼위일체'라는 단어로 표현된 곳은 없습니다. 그럼에도 불구하고 삼위일체를 가르쳐야 하는 이유는 무엇일까요? 이단에 대항하여 교회의 신앙을 지키기 위해서입니다. 그러므로 삼위일체의 교리는 반드시 알아야 합니다.

삼위일체를 설명하려고 해보세요. 그러면 당신은 당신의 정신을 잃을 것입니다.
하지만 이것을 부인하려고 해보세요. 그러면 당신은 당신의 영혼을 잃을 것입니다.

― 밀라드 에릭슨 ―

4과 1주 차

📖 함께 나누기
- 당신이 생각하는 삼위일체는 무엇입니까?

📖 성경 속으로

> **하나님은 삼위일체입니다**
> 성경이 말하는 하나님은 성부, 성자, 성령 하나님입니다. 세 분의 하나님이요, 동시에 구별되는 한 분의 하나님입니다.

1. 하나님은 삼위입니다. 삼위일체(三位一體)의 '위'(位)는 '자리'라는 말이 아니라 '인격'(person)을 말합니다. 즉 성부는 성자가 아니며, 또한 성부와 성자도 성령이 아니며, 서로 구별된 인격을 지닌 하나님입니다.

   요 1:1-2
   _____

   요 14:26
   _____

2. 서로 구별된 세 위격은 완전히 동등하신 참 하나님입니다.

   1) 성부 하나님은 완전한 참 하나님입니다.

고전 8:5-6

2) 성자 하나님도 완전한 참 하나님입니다.

요 20:28

3) 성령 하나님도 완전한 참 하나님입니다.

행 5:3-4

📚 심화학습(1-2)
- 유대교와 기독교의 근본적인 차이는 무엇입니까?

3. 예수님께서 세례를 받으실 때 성삼위의 조화로운 협력이 있었습니다.

마 3:16-17

4. 삼위일체는 인간의 언어와 논리로 명확하게 설명하기 쉽지 않지만, 기독교인들의 삶 속에서 밀접한 관계를 맺고 있습니다.

1) 세례를 베풀 때

마 28:19

2) 축도할 때

고후 13:13

5. 삼위 하나님의 세 위격의 본질은 하나(똑같음)이며 우등하거나 열등하지 않습니다.

요 10:30

빌 2:6

6. 삼위 하나님은 서로 구별되어야 하지만 분리되지 않고, 독립적으로 존재하는 것이 아니라 언제나 상호 내주(상호 의존 또는 상호 충만)하시는 연합체 혹은 공동체로서 존재하시며, 항상 함께 합력하여 일하십니다.

벧전 1:2

7. 삼위일체 신앙은 기독교 신앙의 기둥입니다. '삼위일체'라는 표현이 성경에는 없지만 알아야 할 중요한 이유는 이단과 정통 신앙을 구분하고, 이단으로부터 정통 신앙을 지키고 보호해야 하기 때문입니다.

마 24:5
_____
_____

📖 **심화학습(3-7)**
- 삼위일체 교리가 어렵게 느껴지는 이유가 무엇입니까?

📖 **핵심정리**

　삼위일체라는 단어가 성경에는 없지만 삼위일체를 말할 수 있는 성경 본문이 있습니다. 여전히 논쟁이 되는 것은 '어떻게 한 하나님이 세 분의 하나님이 되며, 세 분의 하나님이 한 하나님이 되는가?' 입니다. 우리는 오직 한 분의 하나님을 믿습니다. 우리는 아버지도 하나님이시며, 아들도 하나님이시며, 성령도 하나님이신 것을 믿습니다. 삼위 하나님은 우등하거나 열등하지 않고 모두가 동등합니다. 삼위 하나님이 한 분의 하나님으로 분리되지 않고 함께 존재할 수 있고 사역할 수 있는 것은 상호 내주하시는 연합체 혹은 공동체로서 합력하여 일하시기 때문입니다. 삼위일체 교리는 이단에 대처하고, 신앙을 지키기 위해서 알아야 합니다.

📖 4과 1주 차를 통해 배우고 느낀 점을 함께 나누어 보십시오.

📖 **결단의 기도**

4과 2주 차

📖 **함께 나누기**
- 당신은 기도할 때 누구에게 기도합니까?

> **본질에 있어서 하나이신 하나님**
>
> 삼위일체(三位一體)의 '체'(體)는 '몸 체'로 이해한다면 삼위일체 하나님의 몸이 하나인 존재로 보아 구분되고 분리되지 않아서 이상하게 됩니다. 여기서 '체'는 '몸 체'가 아닌 '본질 체'로 이해해야 합니다. 삼위 하나님이 '본질에 있어서 같다'고 할 때 성자와 성령도 하나님의 속성(성품)을 가지고 계시며 하나님께 속한 일들을 행하십니다. 즉 삼위가 되시면서 본질에 있어서 하나(동일)입니다.

1. 성부 하나님과 마찬가지로 성자 하나님께서도 인간에게 새 생명을 주실 수 있는 창조적 능력을 소유하고 계십니다.

   요 5:26
   ....
   ....

2. 예수님도 아버지께서 행하시는 모든 것을 하실 수 있습니다.

   요 5:19
   ....
   ....

3. 성령님도 모든 것을 알고 계십니다(전지성).

고전 2:10

> **삼위일체(三位一體)에 대한 거짓 가르침**
>
> 고대로부터 교회는 삼위일체 신앙을 중요하게 여겼습니다. 왜냐하면, 삼위일체 중 어느 것 하나라도 인정되지 않으면 우리의 신앙이 무너지기 때문입니다.

4. 삼위일체를 부정하는 다음과 같은 거짓 가르침이 있습니다.

- 단일신론(單一新論)입니다. 이 견해에 따르면 아버지는 창조자이고, 아들은 창조물이고, 그리고 성령은 비인격체입니다. 이 견해는 무엇이 문제입니까?

- 양태론(樣態論)입니다. 이 견해에 따르면 극 중의 인물과 같이 한 사람이 다양한 모습으로 때로는 아버지의 역할, 선생의 역할, 그리고 아들의 역할을 합니다. 이 견해는 무엇이 문제입니까?

- 삼신론(三神論)입니다. 이 견해에 따르면 성부, 성자, 그리고 성령 하나님은 개

체적 인격체를 가지고 있고, 각각 따로 실체를 가지고 있습니다. 이 견해는 무엇이 문제입니까?

5. 삼위일체는 결코 완전히 이해할 수 없는 신비라는 것을 알아야 합니다.

고전 13:12

6. 삼위일체 하나님은 다양성과 통일성을 완벽하게 구비하신 공동체의 모델이라고 말할 수 있습니다. 교회는 상호 내주와 상호 의존이라는 삶을 실천하여 다양성을 인정하면서 동시에 함께 연합하여 한 몸을 이루는 공동체가 되어야 합니다.

고전 12:4-6

7. 삼위일체의 핵심적인 가르침은 다음과 같습니다.

- 하나님은 유일하신 한 분입니다.
- 그 하나님은 세 분이며 모두 동등하고 완전한 하나님입니다.
- 하나님의 위격들은 본질에 있어서 같으며, 본질 안에서 다른 것들보다 열등하거나 우등하지 않습니다.
- 삼위일체는 결코 완전히 이해할 수 없는 신비입니다.

📚 **심화학습(1-7)**
- 공부를 마치면서 당신이 잘못 이해했던 삼위일체의 내용이 있습니까?

📚 **핵심정리**

  삼위 하나님은 세 인격체가 되시면서 본질에 있어서 하나입니다. 성자도 성령도 하나님의 성품을 가지고 있고, 하나님이 행하시는 일을 하십니다. 또한 성자와 성령도 경배의 대상입니다. 기독교의 역사를 통해 수많은 이단들의 잘못된 가르침에 대항하여 성경의 진리를 변증하고 교회의 가르침으로 받아들이게 된 것이 바로 삼위일체입니다. 삼위일체의 교리는 신비이지만 우리가 반드시 알아야 할 신앙의 핵심교리입니다.

📚 4과 2주 차를 통해 배우고 느낀 점을 함께 나누어 보십시오.

📚 **결단의 기도**

제5과

세상의 희망, 교회

📚 성경 읽기

마 28:19-20 그러므로 너희는 가서 모든 민족을 제자로 삼아 아버지와 아들과 성령의 이름으로 세례를 베풀고 내가 너희에게 분부한 모든 것을 가르쳐 지키게 하라

📚 배경 이해

우리가 개인적으로 그리스도를 영접하면 그리스도인이 되지만, 그리스도인이 된 이후에 하나님은 우리가 홀로 버려져 있는 것을 원치 않으십니다. 그래서 그리스도인들을 위해 영적으로 먹이고 재우고 튼튼하게 성장할 수 있는 '집'이 필요합니다. 이 집이 바로 '교회'입니다. 교회 공동체에 참여하는 것은 신앙 성숙과 하나님의 나라를 경험하는 데 있어서 반드시 필요합니다.

5과 1주 차

📚 **함께 나누기**
- 당신이 생각하는 교회는 무엇입니까?

📚 **성경 속으로**

> **교회의 주인이신 예수님**
>
> 교회는 종친회, 동창회, 그리고 향우회와 같은 사적 친목 단체가 아니며, 건물(예배당)도 아닙니다. 신약에서 처음으로 '교회'라고 번역된 헬라어 '에클레시아'(εκκλησια)는 '예수님을 구주로 믿는 성도들 또는 공동체'를 말합니다. 그러므로 교회의 주인은 예수 그리스도입니다.

1. 교회를 세우시는 분은 누구입니까?

   마 16:16, 18

2. 예수 그리스도를 '주'(Lord)로 고백하는 교회의 시작은 언제부터입니까?

   행 2:1-4

3. 사도 바울은 교회를 다음과 같이 비유로 표현하였습니다.

   1) 교회는 (   )입니다.

   고후 6:16

   2) 교회는 (   )입니다.

   엡 1:22-23

   3) 교회는 (   )입니다.

   고전 6:19

📖 심화학습(1-3)

- 교회 건물(예배당)과 교회의 차이점은 무엇입니까? 무엇을 더 중요시해야 합니까?
- 교회의 주인은 예수 그리스도입니다. 왜 이 사실이 중요합니까?

> **교회 가족(회원) 되기**
>
> 교회 가족이 된다는 것은 그리스도 몸의 지체가 된다는 것과 같습니다. 교회에 출석한다고 해서 누구나 교회 가족이 되는 것이

> 아닙니다. 진정한 하나님의 가족이 되기 위해서 예수 그리스도에 대한 신앙고백과 그분의 명령에 따른 세례를 받아야만 합니다. 할례가 하나님의 백성임을 나타내었듯이 세례 역시 할례를 대신하여 공식적으로 그리스도인이 되었다는 표시이며, 동시에 교회의 가족이 되었다는 교회의 입문예식입니다.

4. 세례를 받기 위하여 세례 지원자(수세자)가 갖추어야 할 것이 무엇입니까?

행 8:12

행 18:8

5. 교회 공동체 속에서 세례를 행하고 공포하는 이유는 공동체가 세례 받은 자에 대하여 함께 가족(회원)으로 받아들이고, 그 안에서 함께 신앙을 세워가겠다는 서로 간의 약속과 함께 다음과 같은 의지적 결단입니다.

1) 이전의 삶을 버리고 새로운 생명으로 살겠다는 결단입니다.

롬 6:4

2) 하나님의 길을 따라가며 하나님을 증거하며 살겠다는 결단입니다.

마 10:32

6. 세례를 받는 사람은 원칙적으로 믿음이 있어야 하지만 신앙을 고백할 수 없는 유아나 지적장애인, 그리고 아동들이 있습니다. 이 경우에 부모 중 한 분이라도 신앙을 가지고 있다면 자녀들에게 세례를 베풀도록 허락하고 있습니다.

갈 3:29

7. 세례(침례)의 양식(樣式)은 다양합니다. 여기에는 수세자를 물속에 잠기게 하는 방법, 수세자의 머리에 물을 붓거나 뿌리는 방법들이 있습니다. 세례의 양식이 다양한 이유는 거행하는 시설과 건강의 문제 때문입니다. 예수님께서 제자들에게 세례의 양식을 구체적으로 구분해 주시지 않았다는 것은 세례 양식 자체가 그렇게 중요하지 않다는 것을 의미합니다. 다음은 어떤 세례 양식이었습니까?

마 3:16

행 16:31-33

📚 **심화학습(4-7)**

● 세례를 두 번(재세례) 받으면 안 됩니까? 그 이유는 무엇입니까?

📚 **핵심정리**

교회는 예수 그리스도를 믿는 신앙고백 위에 예수님께서 세우셨습니다. 그러므로 교회의 주인은 예수님이시고, 우리는 그의 몸에 붙어 있는 지체입니다. 이처럼 몸의 일부가 되기 위해서는 교회의 가족이 되어야 합니다. 교회의 시작은 오순절 날 성령 강림으로부터 시작되었습니다. 교회의 가족이 되기 위해서는 세례를 받아야만 합니다. 세례는 공식적으로 '내가 그리스도인이 되었다는 신앙고백이고, 교회의 가족이 되었다는 예식'입니다.

📚 5과 1주 차를 통해 배우고 느낀 점을 함께 나누어 보십시오.

📚 **결단의 기도**

5과 2주 차

📖 함께 나누기

- 당신은 교회 회원(가족)이 되었습니다. 당신의 의무는 무엇이라고 생각합니까?

📖 성경 속으로

> **교회 회원으로서 지켜야 할 의무**
>
> 우리는 이제 교회의 가족으로 그리스도의 몸의 지체가 되었습니다. 각 지체 한 사람 한 사람이 올바르게 자신의 의무를 성실히 수행할 때 교회는 아름답게 세워질 것이며, 교회의 주인이신 예수님으로부터 풍성한 은혜를 받아 누릴 수 있습니다.

1. 당신이 지켜야 할 의무는 무엇입니까?

    1) 교회가 정한 (   )에 열심히 참석해야 합니다.

    행 2:46

    2) 가르침을 받아 (   )을 지켜야 합니다.

    행 2:42

3) 성경과 교회의 뜻에 따라 (   )을 드려야 합니다.

고전 16:1-2

4) 은사를 받은 대로 교회의 일에 (   )를 해야 합니다.

벧전 4:10

5) 주님의 명령에 따라 열심히 (   )를 해야 합니다.

막 16:15

2. 당신이 지켜야 할 의무 중의 하나는 성찬 예식에 참여하는 것입니다.

세례가 '교회의 입문예식'이라면 성찬 예식(성만찬 혹은 주의 만찬)은 예수님 자신이 직접 그의 죽음을 기념하도록 교회를 위하여 제정하신 예식입니다. 사도 바울이 말하는 성만찬의 본질은 무엇입니까? 고린도전서 11장 17-34절을 통해 살펴보겠습니다.

1) 성만찬은 '그리스도의 죽으심을 기념하는 것'입니다.

고전 11:24

2) 성만찬은 '새 언약'이 맺어지는 사건입니다.

고전 11:25

3) 성만찬은 살아 계신 예수 그리스도와 영적 만남을 갖는 것이며, 주님의 재림을 확신하며 기다리는 것입니다.

고전 11:26

4) 성만찬은 예수 그리스도로부터 생명과 힘과 행복을 공급받는 은혜의 방편입니다.

고전 11:27-30

📚 심화학습(1-2)

● 왜 성찬 예식의 횟수는 교회마다 다릅니까?

> **교회가 감당해야 할 사명**
>
> 교회는 '예수님을 구주로 믿는 성도들 또는 공동체'이기에 신앙 없이는 교회가 존재할 수 없습니다. 교회는 그리스도를 믿는 신앙과 그의 말씀을 따르는 순종의 공동체입니다. 그러므로 교회는 하나님의 뜻을 이루는 도구이며, 세상을 향해 진리를 전달해야 하기에 세상의 희망입니다.

3. (   )입니다.

   행 2:46-47

4. (   )입니다.

   마 28:19-20

5. (   )입니다.

   행 2:42

6. (　　　　　)입니다.

　약 2:15-17

7. (　　　　　)입니다.

　행 1:8

📖 심화학습(3-7)
● "집에서 교회 예배를 영상으로 드리면 되지 꼭 교회에 가서 예배에 참석해야만 합니까?"라는 말에 대해 어떻게 생각하십니까?

📖 핵심정리
　교회를 세우신 것은 예수 그리스도이십니다. 교회는 그리스도의 몸이며, 우리는 몸의 지체입니다. 각 지체들이 맡은 바 임무를 올바르고 성실히 수행할 때 교회는 하나님의 뜻을 이루는 도구가 되며, 세상을 위한 소금과 빛의 역할을 잘 감당하게 될 것입니다. 교회는 변함없는 세상의 희망입니다.

📚 5과 2주 차를 통해 배우고 느낀 점을 함께 나누어 보십시오.

📚 결단의 기도

제6과
하나님의 말씀, 성경

📖 성경 읽기

요 8:47 하나님께 속한 자는 하나님의 말씀을 듣나니 너희가 듣지 아니함은 하나님께 속하지 아니하였음이로다

📖 배경 이해

성경은 하나님의 말씀입니다. 하나님은 성경을 통해 당신에게 말씀하십니다. 또한 성경은 우리와 의사소통하는 하나님의 음성입니다. 사람과의 관계에서 반드시 대화가 필요하듯 하나님과의 관계에서도 대화가 필요합니다. 하나님은 수많은 방법으로 우리에게 말씀하시지만 가장 확실한 것은 성경을 통해서입니다. 우리는 하나님의 말씀인 성경을 통해 하나님이 누구신지, 하나님의 뜻과 계획이 무엇이며, 구원의 길과 하나님의 자녀로서 어떠한 삶을 살아야 하는지 알 수 있습니다. 그래서 사도 요한은 "이 예언의 말씀을 읽는 자와 듣는 자와 그 가운데에 기록한 것을 지키는 자가 복이 있나니"(계 1:3)라고 하였습니다.

6과 1주 차

함께 나누기
- 성경은 하나님의 말씀입니까?

성경 속으로

말씀하시는 하나님

기독교는 계시의 종교입니다. 계시란 감추어졌던 것, 즉 알 수 없었던 것을 벗기거나 열어서 드러내어 보여주는 것을 말합니다. 기독교를 계시의 종교라고 한 것은 하나님께서 사람들에게 자기를 드러내어 주시기 때문입니다. 옛적에 선지자들을 통해 여러 다른 시대에 걸쳐 다양한 다른 방법으로 우리 조상들에게 말씀하신 하나님이 이제 예수 그리스도를 통하여 우리에게 말씀하셨습니다(히 1:2-3). 예수님이 오신 이후로 하나님의 뜻을 온전히 전달할 수 있기에 다른 방법이 필요가 없는 것입니다. 그 이유는 예수님이 사람을 향한 하나님의 최고의 계시이기 때문입니다. 성경을 통해 이 사실을 알아야만 합니다.

1. 하나님은 어떤 방법으로 우리에게 말씀하십니까?

1) (   )으로 다가오십니다.

계 3:20

2) (   )을 통해서입니다.

계 1:3

3) (   )을 통해서입니다.

히 4:12

📖 심화학습(1)
● 하나님의 완전한 예언은 사도들을 통하여 신약성경의 기록이 완결됨에 따라 우리에게 주어졌습니다. 당신이 생각하는 예언이란 무엇입니까?

2. 성경은 분명히 사람이 기록하였습니다. 그렇다면 사람이 기록한 성경을 어떻게 하나님의 말씀이라고 할 수 있습니까?

딤후 3:16

3. 하나님은 그의 택한 백성들에게 자신을 계시하십니다.

1) 하나님은 아브람에게 자신을 누구라고 하셨습니까?

창 17:1

2) 아브라함 자신이 직접 경험한 하나님의 이름은 무엇입니까?

창 22:14

3) 하나님은 모세에게 자신을 누구라고 하셨습니까?

출 3:14

출 15:26

4) 모세 자신이 직접 경험한 하나님의 이름은 무엇입니까?

출 17:15

📖 심화학습(2-3)
- 당신이 하나님을 체험하거나 알 수 있었던 비결은 무엇입니까?

> **말씀의 능력**
>
> 예수님도 자신을 생명의 떡(요 6:35), 세상의 빛(요 8:12), 양을 위한 문(요 10:9), 선한 목자(요 10:11), 부활과 생명(요 11:25-26), 길과 진리와 생명(요 14:6), 그리고 참 포도나무(요 15:1)라고 하셨습니다. 우리는 이와 같은 사실을 성경을 통해서 알 수 있습니다. 당신은 하나님 말씀의 능력을 알고 있습니까?

4. 하나님은 세상을 어떻게 창조하셨습니까?

　　창 1:1

　　창 1:3

5. 요한이 말한 '말씀'은 누구일까요?

　　요 1:1-3

6. 하나님의 말씀이 우리의 삶 속에서 능력이 되는 이유가 무엇입니까?

　　히 4:12

7. 성경을 열심히 읽고 듣고 공부를 해도 이것이 없으면 아무 소용이 없

습니다. 이것은 무엇입니까?

약 2:26 _____

_____

📖 심화학습(4-7)

- 이제 당신은 성경이 하나님의 말씀이라는 것을 알았습니다. 당신이 해야 할 일 두 가지를 선택한다면 무엇입니까?

📖 핵심정리

우리는 하나님 말씀인 성경을 통해 하나님을 알 수 있습니다. 하나님은 자연을 통해서도 자신을 드러내십니다. 그러나 자연을 통해서는 하나님이 누구신지, 하나님의 뜻과 계획, 그리고 구원의 길을 다 알 수가 없습니다. 하나님은 성경을 통하여 우리에게 말씀하시며, 우리가 그것을 읽고 듣고 순종할 때 그 말씀은 우리의 삶 속에서 살아 있는 하나님의 능력으로 나타납니다.

📖 6과 1주 차를 통해 배우고 느낀 점을 함께 나누어 보십시오.

📖 결단의 기도

6과 2주 차

함께 나누기
- 성경은 모든 상황과 모든 문제에 유일한 해답이 될 수 있습니까?

성경 속으로

> **삶의 토대인 하나님의 말씀**
>
> 그리스도인들이 예수를 믿지 않는 사람들과 함께 살면서도 세상과 구별되는 도덕적, 윤리적 기준이 있습니다. 다시 말하면, 그리스도인들이 세상 속에서 자신의 정체성을 잃지 않고 세상의 소금과 빛의 역할을 할 수 있는 삶의 토대가 있습니다. 그것이 바로 하나님의 말씀인 성경입니다. 그리스도인들이 성경을 읽고 배워야 하는 이유가 무엇입니까?

1. 나는 누구이며 무엇을 위해 살아야 하는지, 그리고 우리를 위한 영원한 목적을 알 수 있기 때문입니다.

   엡 1:11(메시지 성경)

   _____

2. 예수 그리스도를 믿게 하여 구원에 이르게 하기 때문입니다.

   요 20:30-31

3. 그리스도를 닮은 성숙한 그리스도인이 될 수 있기 때문입니다.

　　엡 4:13

4. 우리 자신을 죄로부터 보호할 수 있기 때문입니다.

　　시 119:11

5. 고난 중에 있는 자를 위로해 주고 능히 이겨낼 수 있도록 도와주기 때문입니다.

　　시 119:50

6. 귀신을 쫓아내고 치유와 시험을 이기게 하는 능력이 있기 때문입니다.

　　마 8:16

　　마 4:3-4

7. 그리스도인의 삶을 올바른 길로 인도하는 안내서이기 때문입니다.

시 119:105 _____

_____

📖 심화학습(1-7)
- 우리가 성경을 읽을 때 하나님은 우리에게 말씀하십니다. 하나님이 친히 '나에게 말씀하신다'는 태도로 성경을 읽어 본 적이 있습니까?
- 데살로니가 교인들은 사도들에 의해 선포된 복음의 메시지를 '사람의 말'이 아닌 '하나님의 말씀'으로 받아들였습니다(살전 2:13). 당신도 교회에서 선포된 말씀을 데살로니가 교인들처럼 하나님의 말씀으로 받아들이고 있습니까?
- 당신이 개인적으로 하나님과의 만남이 있었다면 다음과 같은 과정을 통해서입니다.
  ……하나님의 말씀을 읽거나 듣습니다.
  ……진리의 영이신 성령님께서 말씀을 깨닫도록 하십니다.
  ……깨달은 말씀에 순종합니다.
  ……나를 통해서 하나님의 목적이 이루어집니다.

📖 핵심정리
그리스도인의 삶의 토대는 성경입니다. 하나님은 성경을 통해 분명한 삶의 목적을 알게 하시고, 예수 그리스도를 닮게 하십니다. 또한 고난 중에도 위로해 주시고, 아픈 자를 치료해 주시며, 영적 필요와 소망을 주십니다.

📚 6과 2주 차를 통해 배우고 느낀 점을 함께 나누어 보십시오.

📚 결단의 기도

제7과
하나님과 사귐이 있는 교제, 기도

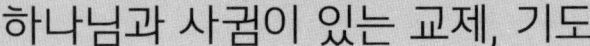

📖 성경 읽기

빌 4:6 아무것도 염려하지 말고 다만 모든 일에 기도와 간구로, 너희 구할 것을 감사함으로 하나님께 아뢰라

📖 배경 이해

하나님은 인간을 창조하시고 교제하기를 원하셨습니다. 특별히 하나님의 말씀을 알아듣고, 이해하고, 그리고 실천할 수 있도록 하나님의 형상대로 창조하셨습니다. 하나님은 6일 동안 온 세상을 창조하신 후에 인간에게 창조한 동산을 잘 관리하고 지킬 수 있도록 청지기의 사명을 주셨습니다. 청지기의 사명을 맡은 인간이 하나님께서 창조하신 동산을 관리하는 것은 결코 쉽지 않았습니다. 왜냐하면, 인간은 지혜도 부족하고 능력도 없고 공간과 시간에 제약을 받았기 때문에 하나님의 도움 없이는 불가능하였던 것입니다. 이러한 사실을 아신 하나님은 인간을 위해 언제든지, 무엇을 하든지 하나님과 교제를 나눌 수 있도록 문을 열어 놓으셨습니다. 이 교제의 문이 바로 기도입니다.

7과 1주 차

📖 **함께 나누기**
- 기도란 무엇입니까?

📖 **성경 속으로**

> **하나님과 교제할 수 있는 특권**
>
> 성경을 읽는 것과 기도는 우리가 하나님과 대화하는 것입니다. 우리는 하나님의 자녀이고 하나님은 우리의 아버지이십니다(요 1:12). 자녀가 필요할 때 언제든지 나의 바람을 아뢸 수 있고, 아버지의 마음을 알고 깨닫고 하나님의 은혜를 누릴 수 있는 친밀한 교제와 소통의 관계(장치)입니다. 그러므로 기도는 하나님의 자녀로서 하나님과 대화할 수 있는 가장 큰 특권이요 영광입니다. 그렇다면 우리가 기도해야 하는 이유가 무엇입니까?

1. 하나님은 우리의 기도를 들으시고 그것을 통해서 일하시기 때문입니다.

   렘 33:2-3

2. 하나님께 우리의 필요를 얻는 방법이기 때문입니다.

   마 7:7-8

3. 성령을 받을 수 있기 때문입니다.

눅 11:13

4. 하나님의 명령이기 때문입니다.

살전 5:17

5. 하나님의 뜻을 알고 올바르게 순종할 수 있기 때문입니다.

마 26:39

6. 시험을 이길 수 있기 때문입니다.

마 26:41

7. 하나님의 능력을 얻을 수 있기 때문입니다.

막 9:28-29

📚 **심화학습(1-7)**

- "하나님은 다 듣고 계시는데 똑같은 내용을 반복하여 기도하는 것은 믿음이 없다는 증거가 아닙니까?"라는 말을 어떻게 생각하십니까?

📚 **핵심정리**

　기도는 하나님과의 친밀한 교제를 나누는 방법이며, 성도들만이 누릴 수 있는 특권입니다. 그리고 기도를 통하여 하나님으로부터 필요한 것을 얻을 수 있고, 하나님의 뜻에 순종하며 살아갈 수 있습니다. 또한 유혹도 뿌리칠 수 있고, 하나님의 힘을 공급받을 수 있는 통로입니다.

📚 **7과 1주 차를 통해 배우고 느낀 점을 함께 나누어 보십시오.**

📚 **결단의 기도**

7과 2주 차

📖 함께 나누기

- 예수님은 인간의 몸으로 이 땅에 오신 하나님입니다. 그는 이 땅에서 많은 시간을 기도하며 보내셨습니다. 그 이유가 무엇입니까?

📖 성경 속으로

> **주님께서 가르쳐 주신 기도(Lord's Prayer)**
> 예수님의 기도하시는 모습을 본 제자들은 예수님께 기도하는 방법을 가르쳐 달라고 하였습니다. 예수님이 제자들에게 기도의 본보기로 가르쳐 주신 것이 주기도문(마 6:9-13; 눅 11:2-4)입니다. 주님께서 가르쳐 주신 기도는 우리의 모범입니다.

1. 주기도문을 통해 우리가 알아야 할 기도의 내용은 무엇입니까?

    1) (   )으로 기도하십시오.

    마 6:9 _____

    _____

    2) 하나님께 (   )하십시오.

    마 6:11 _____

3) (   ) 하나님께 고백하십시오.

마 6:12

4) 하나님께 당신이 가지고 있는 (   ) 부탁하십시오.

빌 4:6

5) (   )으로 끝맺으십시오.

요 14:6

6) 기도가 끝나면 (   )이라고 하십시오.

마 6:13

> **기도에 임하는 올바른 자세**
>
> 하나님은 온 세상을 다스리시는 만왕의 왕이십니다. 어느 시대를 막론하고 백성들이 왕을 알현하려면 결코 쉬운 일이 아니었습니다. 심지어 바벨론이라는 나라에서는 왕비조차도(에 4:16) 왕을 마음대로 만날 수가 없었습니다. 하나님께서 우리에게 기도를 통하여 교제를 허락하셨지만 우리 또한 만왕의 왕이신 하나님과 교제하기 위해서는 하나님을 향한 올바른 자세가 필요합니다.

2. 겸손한 마음으로 하나님께 나아가야 합니다.

무디(Dwight L. Moody)는 "하나님은 자기를 의롭다고 생각하는 사람에게는 하실 말씀이 전혀 없다"라고 하였습니다. 예수님은 성전으로 기도하러 올라가는 바리새인과 세리에 대한 비유(눅 18:9-14)를 들어 누구에게 의롭다 하셨고, 어떻게 결론을 내리셨습니까?

눅 18:14
_____

_____

3. 정직한 마음으로 하나님께 나아가야 합니다.

하나님은 우리의 모든 것을 다 알고 계시며, 우리 삶의 모든 부분을 함께 나누기를 원하십니다. 우리의 가장 비밀한 생각과 욕망과 모든 것을 하나님에게 맡기는 것을 두려워하지 마십시오. 우리는 하나님께 자신의 모든 생각을 숨김없이 자유롭게 표현할 수 있습니다.

다윗을 보십시오.

시 51:9-10

4. 규칙적인 시간을 가지고 하나님께 나아가야 합니다.

행 3:1

5. 기도가 응답받으려면 어떻게 해야 합니까?

1) (   )하지 않아야 합니다.

약 1:6-7

2) (   ) 잘못 구하지 않아야 합니다.

약 4:3

3) (   )하지 말아야 합니다.

눅 18:1(NLT)

도고기도와 중보기도와 합심기도

기도는 하나님과 나 사이의 의사소통입니다. 하나님과 의사소통하는 방식 가운데 나를 제외한 다른 사람, 단체, 나라, 그리고 세계를 위해 기도하는 것을 '도고'(禱告)라고 합니다. 도고는 빌 '도'(禱)자와 알릴 '고'(告)자를 써서 '알리는 기도'라는 의미입니다. 무엇을 알리는 것일까요? 다른 사람의 처지와 상황을 하나님께 대신하는 기도가 바로 도고입니다. 물론 도고 대신에 '중재기도' 또는 '이웃을 위한 기도'(Prayer to God for neighbor, NIV)라고 합니다.

중보기도는 중보자이신 예수님이 우리를 위해 하나님께 드리시는 기도를 말합니다. 중보는 예수님께 한정하여 쓸 수 있는 말입니다. 나를 포함해서 두 사람 이상 함께 기도하는 것을 '합심기도'(합력기도)라고 합니다.

6. 베드로가 감옥에 있는 동안 교회는 무엇을 하고 있었습니까?

행 12:5, 11-12

7. 합심기도의 본질은 무엇이며, 예수님은 무엇을 약속하셨습니까?

마 18:19-20

📚 **심화학습(1-7)**
- 응답받는 기도의 비결은 무엇입니까?

📚 **핵심정리**

　예수님께서 가르쳐 주신 주기도문은 기도에 대한 우리의 모범입니다. 기도에 대한 올바른 자세는 겸손한 마음, 정직한 마음, 그리고 규칙적으로 확신을 가지고 하나님께 나아가는 것입니다. 응답받는 기도는 의심하지 않고 기대를 해야 하며, 정욕으로 잘못 구하지 않아야 하며, 포기하지 말아야 합니다. 우리는 예수님처럼(히 7:25) 자신만이 아니라 다른 사람을 위해 도고와 합심으로 기도해야 합니다. 예수님의 모범을 따라 열심히 담대하게 기도해야 합니다.

📚 7과 2주 차를 통해 배우고 느낀 점을 함께 나누어 보십시오.

📚 **결단의 기도**

제8과
삶의 최우선 순위, 예배

📖 성경 읽기

행 2:46-47 날마다 마음을 같이하여 성전에 모이기를 힘쓰고 집에서 떡을 떼며 기쁨과 순전한 마음으로 음식을 먹고 하나님을 찬미하며 또 온 백성에게 칭송을 받으니 주께서 구원받는 사람을 날마다 더하게 하시니라

📖 배경 이해

하나님은 "이 백성은 내가 나를 위하여 지었나니 나를 찬송하게 하려 함이니라"(사 43:21; 계 4:11)라고 하셨습니다. 하나님이 우리를 창조하신 목적이 바로 예배이며, 예배야말로 우리가 이 땅에 존재하는 이유입니다. 예배는 피조물인 인간이 하나님을 가장 사랑하고 존경하는 표현으로 하나님께 나아가 경배하는 행위입니다. 또한 예배는 하나님의 명령이기에 하나님의 부름에 대한 인간의 응답입니다. 인간의 응답으로 찬양, 기도, 말씀, 예물, 교제, 그리고 성례식(세례와 성찬식)이 있습니다. 이러한 요소들이 다 포함되었을 때 우리는 예배라고 말할 수 있습니다. 모든 교파와 교단을 초월해서 교회라는 이름을 단 이상 예배하지 않는 교회는 단 하나도 없습니다. 그 이유는 모든 교회는 예배하는 공동체이기 때문입니다. 그러므로 예배는 우리 삶에 최우선 순위에 두어야 합니다.

8과 1주 차

함께 나누기
- 당신은 예배하기 전에 어떤 마음과 어떤 기도로 나아가십니까?

성경 속으로

하나님을 향한 최고 사랑의 표현인 예배

하나님은 온 세상을 창조하셨습니다. 하나님의 창조물 가운데 오직 인간만이 하나님의 형상대로(창 1:27) 창조되었습니다. 하나님의 형상에 대한 다양한 뜻이 있지만, 그 한 가지는 '인간은 하나님과 교제할 수 있도록 창조된 존재'라는 것입니다. 즉 하나님과 교제 없이는 살아갈 수 없는 존재가 바로 인간입니다. 인간이 거룩한 하나님과 교제하는 것이 바로 예배입니다. 그러나 아담과 하와의 죄로 인해 단절되었던 예배가 구원자이신 예수 그리스도를 통해 우리의 모든 죄가 용서함을 받고 구원을 얻음으로써 다시금 회복되었습니다. 그러므로 하나님은 예배를 받으시기에 합당한 분이시며, 예배의 목적은 하나님께 영광을 돌리는 것이고, 우리는 예배를 통해 하나님의 위대하심과 영광을 인정하게 됩니다. 당신이 하나님을 가장 사랑하고 존경하는 표현이 예배라면 우리가 알아야 할 예배는 무엇입니까?

1. 예수님은 우리가 누구에게 예배해야 하는지 명확한 대답을 해주셨습니다. 우리의 예배의 대상이 누구입니까?

마 4:10

2. 예배를 삶의 최우선 순위에 두어야 하는 이유가 무엇입니까?

사 43:21

요 4:23-24

📚 심화학습(1-2)

● 하나님께서 예배하는 사람을 찾으신다면 당신의 예배 속에 하나님을 경험하고 계십니까?

거룩한 기대를 가지고 예배에 임해야 합니다

구약시대 때 예배(제사)의 중심에는 희생이 있었습니다. 그 이유는 죄인인 인간이 거룩한 하나님과의 교제를 위해서는 희생제물이 필요했던 것입니다. 이스라엘 백성들은 하나님의 명령에 순종하여 희생 제사(숫양, 어린 양, 양, 염소, 비둘기…)를 드렸습니다. 사람들은 이러한 희생의 예배를 통해 '거룩한 기대'를 하였는데 그것은 하나님의 임재와 영광이 임하는 것이었습니다. 예수님께서 우리를 대신하여 십자가에 죽으심으로써 우리에게 더 이상의 희생 예배는 필요 없지만 희생 예배의 의미가 사라진 것은 아닙니다. 여전히 우리의 예배 가운데서도 예수 그리스도의 임재를 경험할 수 있습니다.

3. 예배에 들어갈 때 먼저 나의 주도적인 모든 것들을 내려놓아야 합니다. 즉 내 생각, 내 의지, 내 욕망, 그리고 내 고집을 다 죽이는 것입니다. 이것이 바로 거룩한 산 제물입니다. 바울은 이러한 예배를 무엇이라고 하였습니까?

롬 12:1

4. 하나님이 기뻐하시는 산 제물은 교회 공동체 안에서만이 아니라 생활의 모든 영역까지도 예배로 이어져야 하는데 그때 필요한 것은 무엇입니까?

롬 12:2

5. 하나님은 우리에게 많은 것을 주십니다. 그것은 예배 가운데 임하신 그리스도께서 우리에게 주십니다. 우리가 하나님의 도움을 받기 위해서는 어떻게 해야 합니까?

히 4:16

6. 일주일 동안 세상 속에서 영적인 전쟁을 치른 우리의 영혼은 피곤하고 지쳐 있습니다. 다시금 예배를 통해 하나님께서 주시는 말씀의 능력으로 힘을 얻고 재무장해서 세상으로 나아가야 합니다.

살전 2:13

7. 예배로 들어가게 하는 것 중 하나가 찬양입니다(히 13:15). 찬양은 살아 계신 하나님의 사랑을 깨닫고 기쁨과 감사를 표현하는 수단입니다. 또한 저드슨 콘월(Judson Cornwall)은 "찬송(찬양)은 하나님을 우리 삶으로 초청해 우리가 할 수 없는 일을 그분이 하시도록 한다"라고 하였습니다. 찬송(찬양)이 중요한 이유가 무엇입니까?

1) 찬송 중에 하나님이 함께하시기 때문입니다.

시 22:3

2) 하나님께 나아갈 수 있는 특권이기 때문입니다.

시 100:4

3) 악한 영을 내쫓는 치료의 능력이 있기 때문입니다.

삼상 16:23

4) 마음의 무거운 짐들을 내려놓는, 하나님이 주신 옷이기 때문입니다.

사 61:3

5) 하나님께서 우리를 위해 대신 싸워주시기 때문입니다.

대하 20:21-22

6) 구원의 능력을 가져다주기 때문입니다.

행 16:25-26

📚 심화학습(3-7)
- 신학자 본회퍼는 "하나님은 우리를 종교로 부르신 것이 아니라 삶으로 부르신다"라고 말했습니다. 당신의 생각에 올바른 예배란 무엇입니까?
- 주님께 희생하는 삶이 우리의 생활 속에 어떤 모습으로 나타나야 합니까?
- 예배의 승리는 세상 가운데 승리이며, 예배의 실패는 세상 가운데 실패입니다. 이 말의 의미는 무엇입니까?
- 찬양의 언어들은 노래와 외침과 춤과 기뻐함입니다. 찬양의 언어들을 마음껏 사용해 본 적이 있습니까?
- 어떤 성도는 정적인 예배를, 또 다른 성도는 동적인 예배를 선호할 수 있습니다. 그러나 예배의 주인은 하나님이시기에 자신을 내려놓고 함께 예배할 수 있는 믿음이 너무 중요합니다.

📚 핵심정리

하나님께서 우리를 창조하신 이유는 예배이고, 하나님은 예배하는 사람을 찾으십니다. 예배의 대상은 삼위일체 하나님이십니다. 예배의 중심은 희생인데 하나님이 기뻐하시는 산 제사는 우리의 주도적인 생각과 뜻과 고집과 욕심들을 다 내려놓는 것입니다. 예배가 삶 속에서도 이어지려면 복음에 대한 절대적인 순종이 필요합니다.

예배의 주인은 하나님이시기에 하나님은 예배를 통해 많은 것을 주십니다. 특별히 일주일 동안 영적 전투를 통해 지친 영혼이 예배를 통해 힘을 받아 재무장하여 세상으로 나아가야 합니다. 찬양을 통해 놀라운 은혜를 경험하십시오.

📚 8과 1주 차를 통해서 무엇을 배웠는지 함께 나누어 보십시오.

📚 결단의 기도

8과 2주 차

📖 함께 나누기

시대의 흐름에 따라 예배의 흐름도 점점 바뀌어 가고 있습니다. 특별히 코로나19 상황 속에서 교회가 불가피하게 예배 실황을 송출하여 영상예배를 드렸습니다. 이에 관한 당신의 생각은 무엇입니까?

📖 성경 속으로

하나님께서 정하신 방법대로 드려야 합니다

하나님은 이스라엘 백성들이 가나안 땅에 들어갔을 때 아무 곳에서나 제단을 쌓고 예배를 드릴 것이 아니라 택하신 곳에서 예배를 드리도록 명령하셨습니다. 솔로몬이 예루살렘 성전을 세우기 전까지는 산당을 하나님 예배 장소로 종종 사용하였는데 그것은 하나님께서 택하신 곳이었습니다(수 9:27; 삼하 24:18-25; 왕상 3:3-4). 그러나 가나안 족속의 우상숭배 장소인 산당과 하나님께서 택하신 산당은 분명히 구별되었고, 하나님께서 가나안의 산당을 제거하라고 하신 것은 하나님께서 택하신 곳이 아니었기 때문입니다.

가나안 족속들은 자신들의 편의를 좇아 아무 곳에서나 나름대로의 방식대로 제사의식을 거행하였습니다. 그 결과 그들은 다신론과 종교적 혼합주의에 빠져 버렸습니다. 이와 같이 이스라엘 백성들도 각 지파별로 다른 곳에서 하나님을 섬긴다면 가나안의 종교처럼 신앙이 변질되어 동일한 오류에 빠질 위험이 있

> 었던 것입니다. 그러므로 하나님께서 솔로몬에게 성전 건축을 허락하심으로써 온 이스라엘이 단일화된 중앙 성소를 갖게 되어 신앙의 순수성을 보호할 수 있게 되었습니다.
>
> 오늘날 많은 사람은 예배를 개인적인 선택사항이라고 믿고 있습니다. 그러나 하나님께 예배를 드리는 방식에 대한 최종적인 결정권이 우리에게는 없습니다. 우리는 하나님께서 친히 정하신 방법대로 그분께 예배를 드려야 합니다.

1. 예루살렘 중앙 성전이 건축되기 전 이스라엘 백성들은 아무 곳에서나 예배를 드린 것이 아니라 하나님께서 택하신 곳에서 예배를 드렸습니다.

   수 9:27

   삼하 24:18-19

2. 시간과 공간을 초월하신 하나님은 무소부재(無所不在)하시므로 신자들은 언제, 어디서든지 예배할 수 있습니다. 그러나 초대교회 때부터 정하신 곳에 함께 모여 공동으로 예배를 드렸습니다.

   행 2:46-47

3. 개인적으로 몸이 너무 아프거나 불편할 때, 병원에 입원해 있을 때, 그리고 코로나19처럼 생존을 위해서 모일 수 없는 불가피한 상황이 발생할 때 어쩔 수 없이 영상으로 예배를 드릴 수 있습니다. 그러나 환경이 허락되고 교회가 약속한 예배의 장소(예배당)가 있는데도 불구하고 예배당에 가지 않고 집에서 영상으로 예배드리는 것은 올바른 예배가 아닙니다.

히 10:25

심화학습(1-3)

- 공적인 예배(공동체 예배)란 공동체 예배를 말합니다. 영상예배가 공적인 예배를 대신할 수 없는 이유는 무엇입니까?

안식일에서 주님의 날(주일, Lord's Day)로 변경되었습니다

주님의 날은 예수님이 부활하신 날로서 초대교회 이후로 하나님께 예배를 드리는 날로 지켜져 왔습니다. 예수님이 안식일의 주인이라고 한 것은 안식일을 지킬 필요가 없다는 것이 아니라 안식일의 원래의 뜻을 회복한 것입니다. 즉 안식일은 창조의 기념이라면 그리스도의 부활은 새 창조의 기념(죄에서 해방시켜 새 생명을 주심)입니다. 그러므로 안식일이 주일로 바뀐 이유는 안식 후 첫날에 부활하시고 새 창조를 하셨기 때문입니다.

4. 초대교인들은 그 주의 첫 번째 날(주님의 날, 주일)에 모여 예배를 드렸

습니다. 그러므로 주일은 안식일을 대신하는, 주님께서 친히 세우신 제도입니다.

행 20:7

심화학습(4)

● 주일 대신에 다른 요일에 예배를 드리면 안 됩니까?

예배에 임하는 우리의 태도

하나님께서 우리를 창조하신 이유가 예배라고 한 것처럼 그리스도인들에게 있어서 예배는 생명과 같습니다. 우리의 예배 가운데 임하시는 성삼위의 하나님의 임재를 경험하여야 합니다. 그러므로 예배를 통해 하나님을 경험하느냐, 하지 못하느냐는 예배에 임하는 우리의 태도에 달려 있습니다. 예배에 임하는 우리의 모습은 어떠해야 합니까?

5. 경건한 마음으로 예배를 드릴 수 있도록 준비해야 합니다. 예배는 인간이 거룩한 하나님과 만나는 시간입니다. 그러므로 준비된 마음과 몸으로 진정한 예배에 참여할 수 있도록 여러 방해 요소들을 만들지 말아야 합니다.

시 4:3

6. 예배 시간은 하나님과의 약속이기에 잘 지켜야 합니다. 최소한 20~30분 전에 먼저 와서 기도하고 준비하는 자세로 예배에 임해야 합니다.

사 58:13-14

7. 깨끗하고 단정한 복장으로 준비해야 합니다. 하나님은 사람의 외모를 보지 않고 마음의 중심을 본다고 하셨습니다. 그러나 공동체의 예배에 방해가 될 정도로 너무 편하게 입고 오거나 노출이 심한 옷은 입지 않도록 해야 합니다.

딤전 2:9-10

📚 심화학습(5-7)
- 하나님을 향하여 우리의 심령이 예배에 집중하기 위하여 사전에 준비해야 할 것은 무엇입니까?

📚 핵심정리

어떤 그리스도인들은 하나님께서 시간과 공간을 초월하여 무소부재하시기에 우리가 어디서든지 장소와 시간에 구애받지 않고 예배를 드릴 수 있다고 생각합니다. 그러나 성경은 분명히 '예배에 대한 우리의 선택권이 없으며, 하나님께서 정하신 곳과 날짜에 드려야 한다'고 말합니다. 예배를 잘 준비하여 예배 가운데 임하시는 하나님의 임재를 모두가 누려야만 합니다.

📚 8과 2주 차를 통해서 무엇을 배웠는지 함께 나누어 보십시오.

📚 결단의 기도

제9과
하나님의 영광을 드러내는 거룩한 일, 직업

📚 성경 읽기

창 2:15 여호와 하나님이 그 사람을 이끌어 에덴동산에 두어 그것을 경작하며 지키게 하시고

📚 배경 이해

하나님은 온 세상을 창조하셨습니다. 그는 자신이 창조하신 온 세상을 다스리도록 인간을 창조하셨습니다(창 1:28). 다스림은 인간의 일입니다. 즉 인간은 일하도록 창조되었습니다. 그러므로 일을 통하여 우리는 하나님께서 맡겨주신 청지기로서의 역할을 잘 감당함으로 하나님의 영광을 드러낼 책임을 가지고 있습니다.

타락하기 전에도, 후에도 일은 인간의 삶에서 분리될 수가 없는 것입니다. 타락 이전에는 축복받은 땅은 풍부한 물이 흐르고 비옥하였기에 언제라도 음식을 먹을 수 있도록 공급을 받았다면(창 2:9), 타락 이후에는 이러한 유익이 상실되었습니다. 이제 사람들은 땀을 흘리는 수고를 통하여 생계를 유지할 수 있게 되었습니다. 이러한 변화에도 불구하고 하나님의 천지 창조 사역 자체가 거룩한 일이었기에 일은 존중되어야 하고, 타락 전에 주어진 하나님의 명령(창 1:28)은 영원한 효력을 지니고 있습니다.

9과 1주 차

📖 **함께 나누기**
- 당신은 당신의 일을 좋아하고 사랑합니까?

📖 **성경 속으로**

> **일하도록 부름받은 인간**
>
> 하나님은 에덴동산을 만드시고 인간에게 다스리라는 명령을 내리셨습니다. 사람은 일을 통해 하나님이 기뻐하시는 창조 사역에 동참하도록 부름받은 거룩한 피조물입니다. 우리는 성경이 명확히 금하는 것이 아니라면 성(聖)과 속(俗)의 구분 없이 어떤 직업이라도 선택할 수 있습니다. 그렇다면 우리는 왜 일해야 합니까?

1. 일은 인간의 책임이자 의무이며, 생존의 수단이기 때문입니다. 예수님도, 바울도 열심히 일하였습니다.

   막 6:3
   _____

   행 18:3
   _____

2. 인간은 생존을 위해 일할 뿐 아니라 다른 사람, 특히 가족의 필요를

충족시키기 위해서라도 일해야 하기 때문입니다.

딤전 5:8

3. 일을 통하여 다른 사람을 돌보고 섬길 수 있기 때문입니다.

신 15:11

4. 일은 인간에게 허락하신 창의성을 표현하는 것이기 때문입니다.

출 35:30-33

📚 **심화학습(1-4)**

● 만일 일이 없다면 삶은 어떻게 됩니까? 또한 당신이 하는 일에 소망이 없거나 기쁨이 없다면 당신의 해결책은 무엇입니까?

> **하나님의 소명(부르심)으로서의 일**
>
> 일은 하나님의 소명(부르심)이기에 단순히 일하는 것 이상입니다. 칼빈은 "자신이 가진 직업을 통해 하나님께 영광을 돌릴 수 있다면 그 직업은 성직"이라고 하였습니다. 왜냐하면, 부르심을 받은 모든 성도는 거룩하고 그가 하는 일도 거룩하기 때문입니다. 그

> 러므로 우리는 일에 대한 소명과 동시에 사명자로서 빛과 소금의 역할을 잘 감당할 수 있어야 합니다.

5. 직업은 하나님이 맡기신 소명이기에 그것을 통해 하나님께 영광을 돌려야 합니다.

   고전 10:31

6. 하나님은 우리 각자의 형편에 맞게 일할 수 있도록 재능을 주십니다. 최종적으로 하나님께서 보시는 것은 무엇입니까?

   마 25:15, 21

7. 내가 선택한 직업이 나의 적성과 맞지 않았을 때 하나님께서 새로운 기회를 주실 것을 믿으면서 현재의 일을 일시적인 소명으로 받아들여야 합니다.

   전 3:12-13

📚 심화학습(5-7)

- 루터는 구원을 제1의 소명으로, 직업을 제2의 소명으로 보았습니다. 당신은 직업을 하나님의 소명으로 이해하고 있습니까?

📚 핵심정리

일은 하나님께서 우리에게 주신 선물입니다. 우리는 일을 통해 하나님의 창조 사역에 동참하도록 소명(부름)을 받았습니다. 죄를 짓는 것을 제외하고 모든 직업은 하나님께서 주셨기에 귀천이 없습니다. 주어진 일에 소명 의식을 가지고 성실과 근면으로 열심히 살아내면서 동시에 사명자로 역할을 잘 감당함으로 하나님께 영광을 돌려 드려야 합니다.

📚 9과 1주 차를 통해서 무엇을 배웠는지 함께 나누어 보십시오.

📚 결단의 기도

9과 2주 차

📚 함께 나누기
- 직장에서 당신을 힘들게 하는 장애물이 있다면 무엇입니까?

📚 성경 속으로

직업에 임하는 우리의 자세

1주 차에서 언급한 것처럼 우리의 직장은 소명에서 사명의 자리가 되어야 하며, 우리가 일하는 그곳이 예수 그리스도를 섬기는 자리가 되어야 합니다. 이러한 의미에서 그리스도인들은 자신의 일을 거룩하게 여겨야 합니다. 단지 직장을 위해서만이 아니라 예수님을 위해서 일하고 있다는 것을 알아야 합니다. 그러므로 우리의 일터는 예수님을 드러내기 위한 가장 좋은 곳입니다. 일에 임하는 우리의 자세는 무엇입니까?

1. 정직해야 합니다.

   시 51:10

2. 성실해야 합니다.

   엡 6:5

3. 기쁨으로 해야 합니다.

   엡 6:7

4. 누구든지 존중히 대해야 합니다.

   빌 2:3

📚 심화학습(1-4)

- "만일 그런 그리스도인이 있다면 우리 회사에 보내주십시오"라는 좋은 평판을 들어본 적이 있습니까?
- 당신의 일터는 그리스도의 향기를 드러내는 거룩한 사명자의 자리입니다.

> **일에 대한 잘못된 이해**
>
> 그리스도인들은 직장을 자신의 명예나 권력을 누리기 위한 수단으로 여겨서는 안 되며, 일에 중독되어 직장을 우상화해서도 안 됩니다.

5. 하나님은 우리에게 일을 통하여 하나님의 뜻을 이루게 하셨습니다.

   마 5:16

6. 일터에서도 우리의 삶의 우선순위는 변하지 않아야 합니다.

　　마 6:33

7. 게으른 사람은 하나님도, 사람도 좋아하지 않습니다.

　　살후 3:10

📚 심화학습(5-7)
- 당신은 일에 중독된 경험이 있습니까?
- 당신을 통해 당신의 회사가 복을 누리고 있다고 생각하십니까?

📚 핵심정리

　　하나님께서 주신 일터는 단순히 생계를 위한 수단이 아닙니다. 우리의 일터는 예수님을 증거하기에 가장 좋은 장소입니다. 일터는 예수님을 드러내는 사명자의 자리이기에 누구보다 정직과 성실함과 기쁨을 가지고 일을 해야 합니다. 또한 함께 일하는 사람을 경쟁의 대상이 아니라 늘 겸손한 마음으로 존중해야 합니다. 일에 대한 전문성은 갖되, 중독과 우상화가 되어서는 안 됩니다. 일은 수단이지 삶의 목적이 되어서는 안 됩니다. 우리의 삶의 목적은 하나님의 나라를 이루는 것입니다.

📚 9과 2주 차를 통해서 무엇을 배웠는지 함께 나누어 보십시오.

📚 결단의 기도

제10과
양의 옷을 입고 노략질하는 이리(이단)

📖 성경 읽기

벧후 2:1 그러나 백성 가운데 또한 거짓 선지자들이 일어났었나니 이와 같이 너희 중에도 거짓 선생들이 있으리라 그들은 멸망하게 할 이단을 가만히 끌어들여 자기들을 사신 주를 부인하고 임박한 멸망을 스스로 취하는 자들이라

📖 배경 이해

한국기독교총연합회는 "이단이란 본질적으로 교리적인 문제로서, 성경과 역사적 정통교회가 믿는 교리를 변질시키고 바꾸는 다른 복음을 말한다"라고 정의했습니다. 즉, 이단은 교회가 용인할 수 없는 내용을 가르치는 가짜 기독교입니다. 사이비 역시 겉으로는 기독교처럼 보이지만 "종교 본연의 긍정적인 기능보다는 자신들의 이익을 위해 사회를 어지럽히는 가짜 기독교"입니다. 이단과 사이비가 기독교에 해악을 끼친다는 점에서 편의상 '이단'이라는 용어로 사용하겠습니다. 초대교회 때부터 지금까지 이단들이 없었던 적은 없었으며 늘 존재하고 있었습니다. 그들은 기성 교회에 침투하여 성도들을 미혹하고 교회를 무너뜨리려고 기회를 엿보고 있습니다. 교회는 성도들이 이들의 미혹을 받지 않도록 늘 경계하며 지켜야 합니다.

10과 1주 차

📚 함께 나누기
- 이단이라고 하면 제일 먼저 떠오르는 것이 무엇입니까?

📚 성경 속으로
- 이단은 성경의 가르침에서 벗어나 잘못된 것을 가르치는 가짜 기독교입니다.

> **양의 옷을 입고 유혹하는 이단**
>
> 예수님은 "거짓 선지자들을 삼가라. 양의 옷을 입고 너희에게 나아오나 속에는 노략질하는 이리라. 그들의 열매로 그들을 알지니 가시나무에서 포도를, 또는 엉겅퀴에서 무화과를 따겠느냐"(마 7:15-16)라고 하셨습니다. 이 말씀처럼 이단은 외형적인 교회당의 모습이나 예배행위는 정통 기독교와 비슷하지만 내면은 전혀 다릅니다. 이단은 거짓으로 위장하여 신앙이 연약한 성도들, 즉 자기방어의 능력이 없고 어떤 길이 올바른 길인지 판단할 능력이 없는 성도들에게 접근하여 영혼을 도둑질하여 죽이고 멸망시키는 이리입니다. 그들은 다양한 방법으로 접촉을 시도합니다.

1. 자신의 신분을 철저하게 숨기면서 신앙생활을 열심히 하고 호감을 갖게 만들어 접근합니다.

   고후 11:14

2. 지나친 친절과 관심으로 호감을 갖게 만들어 접근합니다. 이들의 친절은 어떤 사기꾼들보다 더 지속적이고 조직적이고 지능적입니다.

마 7:15-16

3. 성경에 관해 이야기해 보자고 계속 접근하거나 성경에 관해 교회 목회자보다 더 많은 해박한 지식을 가지고 있는 사람을 소개해 주겠다며 접근합니다.

벧후 2:1

4. 기성 교회의 비리와 약점을 지나치게 비판하고 자기들만이 성경적이라고 주장하여 사람들의 마음을 훔칩니다.

요 10:10

📚 심화학습(1-4)

- 다음은 이단들의 포교 접근 방법입니다(출처: 현대종교).

    - 20~30대 청년들에게 접근하여 '도형 상담, 심리검사, 연극, 영화 캐릭터 연구 등을 한다'며 접근합니다(신천지).
    - 30~40대 여성이 태블릿 PC를 보여주며 느낀 점을 말해 달라며 접근합니다. 어머니 하나님, 토요일 안식일을 주장합니다(하나님의 교회).

- 번화가, 공원, 그리고 아파트 주변을 중심으로 가판대를 설치하고 소책자나 전단지를 무료로 가져가라고 합니다(여호와의 증인).
- 말끔하게 정장을 차려입은 두 사람의 외국인이 접근해 무료로 영어공부를 하자며 접근합니다[모르몬교(예수그리스도 후기성도교회)].
- 그라시아 합창단에서 공연하는 12월 칸타타 전단지를 나눠줍니다(기쁜소식 선교회).

● 이에 대한 대처 방법은 무엇입니까?

> **비성경적인 이단의 가르침**
>
> 성경적으로 검증된 올바른 가르침(정통교리)이 필요한 것은 이단들로부터 보호하기 위해서, 신앙적인 성숙을 위해서, 그리고 불신자와 초신자에게 올바른 가르침을 주기 위해서입니다. 각 교리는 "모든 곳에서, 언제나, 그리고 모든 신자에게 받아들여졌다고 입증할 수 있어야 합니다"(Alister McGarath). 이단의 가르침이 갖는 일반적인 특징을 살펴보겠습니다.

5. 이단들은 대개 교주를 구원자로 신격화하고 있으므로 교주의 가르침이나 지위를 예수님과 비슷하거나 더 중요하게 여깁니다.

마 24:4-5

6. 자신들의 교주나 집단에 지나친 충성과 헌신, 그리고 집단적 모임을 강조하여 가정이나 개인 생활을 철저하게 무시한 채 그들 안에서 거

짓과 폭력과 같은 비윤리적인 행위도 서슴지 않고 행합니다.

요 8:44

7. 대부분 교주는 정규 신학 과정을 제대로 배우지 못했을 뿐만 아니라 성경적으로 검증되어 온 정통 기독교의 교리 체계도 없습니다. 이들은 하나님을 대체하는 교주, 잘못된 구원관, 그리고 잘못된 종말론으로 교인들을 미혹합니다.

요일 4:1

📖 심화학습(5-7)
- 그들의 교리와 사상이 성경과 일치합니까?
- 그들의 열매와 목표는 누구를 위한 것입니까?

📖 핵심정리

초대교회 때부터 지금까지 이단들은 늘 존재하고 있었습니다. 그들은 양의 옷을 입고 신앙이 연약한 성도들에게 접근하여 영혼을 도둑질하여 죽이는 이리와 같습니다. 성도들의 신앙 성숙과 이단들로부터의 보호를 위해 교회의 신앙교육이 절대적으로 필요합니다. 이단에 노출되어 틈타지 않도록 늘 경계해야 합니다.

📚 10과 1주 차를 통해서 무엇을 배웠는지 함께 나누어 보십시오.

📚 결단의 기도

10과 2주 차

📖 **함께 나누기**
- 당신의 지인들 중에 이단에 빠져 있는 사람이 있습니까? 만약 있다면 그들이 이단에 빠진 이유를 들어본 적이 있습니까?

📖 **성경 속으로**

> **이단의 가르침이 갖는 공통적인 특징**
>
> 이단들은 지나친 친절과 관심으로 다가와 친밀한 관계를 형성하여 미혹합니다. 그러므로 믿음이 확고히 서 있지 않은 성도라면 누구든지 이단에 미혹될 수 있습니다. 이단에 빠진 사람들을 통해 얻은 교훈은, 올바른 성경공부는 예수님을 만나게 하지만 거짓된 성경공부는 멸망으로 인도하는 교주를 만나게 한다는 것입니다. 이단의 가르침이 갖는 공통적인 특징은 무엇입니까?

1. 이단 교주들은 자신을 신격화하여 자칭 구원자라고 합니다.

   요 14:6
   ....
   ....

> **신도들을 잘못 인도하는 거짓 성경해석**
>
> 이단을 규정하는 기준은 오직 성경입니다. 이단 교주들이 성경을 올바르게 해석하면 자신들은 교주가 될 수 없습니다. 그들도 성경을 사용하기는 하지만 자신들의 주장을 변호해 주는 포장에 불과합니다. 이미 신격화된 교주 자신만이 성경해석을 올바르게 할 수 있다고 주장하며 가르치고 있습니다. 그들이 가르치고 있는 잘못된 핵심교리는 무엇일까요?

2. 이단은 '시대별 구원자론'을 가르칩니다.

   행 4:12
   _____

3. 이단은 14만 4천 명만 구원받는다고 가르칩니다.

   요 1:12
   _____

4. 이단은 시한부 종말론을 가르칩니다.

   마 24:36
   _____

5. 이단은 '비유를 알아야 구원에 이른다'고 가르칩니다.

계 22:18-19

📚 심화학습(1-5)

● 외국과 달리 한국에서 이단이 계속 나오는 이유가 무엇일까요?

> **이단에 쉽게 빠지는 사람들의 특징**
>
> 교회는 하나님의 나라가 아닙니다. 교회는 예수 그리스도를 구주로 고백하는 성도들의 모임입니다. 교회는 모든 성도들의 기대를 다 채워주지는 못하는 불안전한 공동체일 수도 있습니다. 그러다 보니 여러 약점들이 있을 수 있습니다. 대부분 이단에 빠진 사람들의 특징을 살펴보면, 기존 교회에 대한 불만이 가득한 사람들이었습니다. 이단들이 노리는 표적의 1순위는 바로 이러한 사람들이었습니다. 교회는 성도들이 이단에 노출되지 않도록 세심한 관심을 기울여야 합니다.

6. 교회는 교인들이 소외감을 느끼지 않도록 지속적인 관심과 사랑을 보여주어야 합니다.

빌 2:2-3

7. 교회는 성도들에게 성경을 체계적으로 배울 수 있는 환경을 마련해 주어야 합니다.

딤후 3:13-15

📚 심화학습(6-7)
- 당신이 생각하는 이단에 대처하는 방법은 무엇입니까?

📚 핵심정리

올바른 성경공부는 예수님을 만나게 하지만 거짓된 성경공부는 멸망으로 인도하는 교주를 만나게 됩니다. 이단을 결정하는 가장 중요한 기준은 성경을 어떻게 해석하느냐에 있습니다. 이단들은 기존 교회가 추구하는 성경해석 방식을 무시하고 자신들의 방법대로 성경해석을 추구합니다. 교회는 하나님의 나라가 아니기에 많은 불만이 존재합니다. 교회에 대한 불만은 이단에게 미혹될 가능성이 있으므로 미연에 방지해야 합니다.

📚 10과 2주 차를 통해서 무엇을 배웠는지 함께 나누어 보십시오.

📚 결단의 기도

제11과
하나님의 지상명령, 복음 전도

📖 성경 읽기

마 28:19-20 그러므로 너희는 가서 모든 민족을 제자로 삼아 아버지와 아들과 성령의 이름으로 세례를 베풀고 내가 너희에게 분부한 모든 것을 가르쳐 지키게 하라

📖 배경 설명

예수님께서 부활하시고 승천하시기 전 제자들에게 하신 마지막 말씀은, "그러므로 너희는 가서 모든 민족을 제자로 삼아 아버지와 아들과 성령의 이름으로 세례를 베풀고 내가 너희에게 분부한 모든 것을 가르쳐 지키게 하라"(마 28:19-20)와 "오직 성령이 너희에게 임하시면 너희가 권능을 받고 예루살렘과 온 유대와 사마리아와 땅끝까지 이르러 내 증인이 되리라"(행 1:8)라는 말씀이었습니다. 이 말씀들은 예수님이 명령하신 지상명령(Great Commission)입니다. 많은 성도가 선교와 전도는 특별한 직분을 받은 사람만이 하는 것으로 생각합니다. 선교와 전도는 선교에 대한 소명이 있는 사람 혹은 전도에 대한 은사가 있는 사람에게만 해당하는 것이 아니라, 구원받은 모든 성도에게 적용되는 말씀입니다. 예수님의 지상명령은 사도들에게만 주신 명령이 아니라 모든 그리스도인을 향한 명령이고, 그 명령에 아무런 조건 없이 순종해야 합니다.

11과 1주 차

함께 나누기
- 예수를 믿지 않는 사람들에게 복음을 전해본 경험이 있습니까?

성경 속으로

전도자이신 예수님

예수님은 이 땅에 계실 때 어떤 일을 하셨습니까? 우리는 예수님의 첫 가르침에서 대답을 찾을 수 있습니다. 그것은 천국 복음을 전하는 것을 사역의 목적으로 삼으셨다는 것입니다. 이 땅에 계실 동안 예수님의 삶의 초점은 전도에 있었습니다.

1. 전도자이신 예수님의 첫 메시지는 무엇입니까?

   마 4:17

2. 예수님은 이 땅에 오신 목적이 무엇이라고 하셨습니까?

   막 1:38-39

제11과_하나님의 지상명령, 복음 전도

📖 **심화학습(1-2)**
- 예수님이 당신을 택하여 구원받게 하신 이유가 무엇이라고 생각합니까?

제자들에게 위임하신 지상명령

이 땅에서 예수님의 사역은 3년이었습니다. 예수님은 사람들을 불러 제자로 세워 3년 동안 함께 지내면서 가르치셨습니다. 예수님은 십자가에 달려 죽으시고, 부활하신 후 40일 동안 제자들과 함께하셨습니다. 제자들이 보는 가운데 하늘로 승천하시면서 마지막 지상명령을 제자들에게 하셨습니다.

---

3. 예수님이 위임하신 내용들은 어떤 것입니까?

　마 28:18-20

　막 16:15-16

　행 1:8

복음 전도에 충실한 제자들

제자들은 예수님의 지상명령에 순종하여 열심히 복음을 전하였습니다.

4. 복음을 열심히 전해야 하는 목적이 무엇입니까?

　　요 20:31

5. 베드로는 누구에게 복음을 전했습니까?

　　행 4:12

6. 사도 바울은 어디에서, 누구에게 복음을 전했습니까?

　　행 16:31

7. 사도행전 1장 8절의 명령에 순종하지 않으면 어떤 일이 일어납니까?

　　행 8:1

심화학습(3-7)

- 전도와 삶은 결코 분리할 수가 없습니다. 우리의 삶이 바로 '전도지'입니다. 이 말에 대한 당신의 생각은 무엇입니까?

📚 **핵심정리**

　예수님은 자신이 이 땅에 오신 목적이 전도에 있다고 하셨습니다. 이는 온 인류를 구원하려는 예수님의 열심이었습니다. 전도의 내용은 천국입니다. 우리도 예수님처럼 열심히 복음을 전하여 누구나 예수를 믿고 천국에 들어갈 수 있도록 해야 합니다. 복음 전도는 예수님의 지상명령이기에 선택사항이 아니라 필수입니다.

📚 **11과 1주 차를 통해서 무엇을 배웠는지 함께 나누어 보십시오.**

📚 **결단의 기도**

11과 2주 차

함께 나누기
- 당신에게 전도는 무엇입니까?

성경 속으로

> **다양한 전도 방법**
> 전도 내용은 같으나 사람들에게 접근하는 방법은 다양합니다. 성경에서도 다양한 전도 방법을 발견할 수 있습니다.

1. 가장 일반적인 방법으로 전도 대상자에게 직접 찾아가서 복음을 전하는 방법입니다(직접 전도 방법).

   마 4:18-19

   _____

2. 전도 대상자에게 직접 복음을 전하지 않았지만 초청하여 말씀을 듣게 하거나 또는 다양한 매체(서적, 방송, 인터넷, 스마트폰, 컴퓨터 등)를 통해 듣게 하는 방법입니다(간접 전도 방법).

   요 1:45-46

   _____

3. '황금의 입'이라는 요한 크리소스톰은 "만일 우리가 구원받은 자답게 살기만 하면 우리를 통해서 많은 사람이 예수님을 믿게 될 것이다"라고 하였습니다. 착한 행실을 통해 전도하는 방법입니다(생활 전도).

마 5:16

📖 심화학습(1-3)
● 당신의 전도 방법은 무엇입니까?

> **전도인의 자세**
> 우리는 예수님으로부터 만민에게 복음을 전해야 하는 사명을 위임받았습니다. 복음 전도자로서 우리는 어떤 마음으로 복음을 전해야 합니까?

4. 거절을 두려워하지 말고 담대히 전해야 합니다.

마 13:57-58

5. 인내하며 기다려야 합니다.

딤후 4:2

6. 성령의 도우심을 받아야 합니다.

고전 2:4

7. 하나님께 전적으로 맡겨야 합니다.

고전 3:6-7

📚 **심화학습(4-7)**
- 전도인에게 가장 중요한 자세는 무엇입니까?

📚 **핵심정리**

　전도 내용은 같지만 사람들에게 접근하는 다양한 전도 방법이 있습니다. 그중에 가장 탁월한 방법은 예수를 믿는 우리가 세상에서 소금과 빛의 역할을 잘 감당하는 것입니다. 전도를 하다 보면 거부와 조롱을 당할 때가 있지만 두려워하지 말고 끝까지 인내하고 기다리면 때가 되면 하나님께서 열매를 맺게 하십니다. 전도를 잘하는 방법은 계속 전도하는 것입니다.

📚 11과 2주 차를 통해서 무엇을 배웠는지 함께 나누어 보십시오.

📚 결단의 기도

제12과
죽음 이후의 삶(내세)

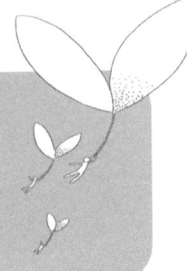

📚 성경 읽기

요 11:25-26 예수께서 이르시되 나는 부활이요 생명이니 나를 믿은 자는 죽어도 살겠고 무릇 살아서 나를 믿는 자는 영원히 죽지 아니하리니 이것을 네가 믿느냐

📚 배경 설명

이 땅에 태어난 모든 인간은 다 죽습니다. 죽음이 참으로 신비한 것은 '언제, 어느 곳에서, 그리고 어떤 방법으로' 죽는지 아무도 모르기 때문입니다. 죽음이 여전히 두려움의 대상이 되는 것은 '모든 것이 끝이다'라고 생각하기 때문입니다. 죽음이 끝이라면 악인은 모든 인생의 부채가 그 순간에 다 사라져서 좋겠지만 이 땅에서 의롭게 살았던 사람들은 어디서 보상을 받습니까? 성경은 죽음이 끝이 아니라 죽음 이후의 삶이 있다고 가르칩니다. 우리가 죽으면 무슨 일이 일어납니까? 가장 중요한 것은 부활이라는 복음의 핵심입니다. 부활 이후에는 심판과 천국의 삶이 예비되어 있습니다.

12과 1주 차

함께 나누기
- 죽음에 대해 심각하게 생각해 본 적이 있습니까?

성경 속으로

> **죄의 결과로서의 죽음**
>
> 인간의 시간은 창조와 탄생으로 시작됩니다. 인간은 자연적으로 진화하여 존재한 것이 아니라 하나님께서 창조하신 피조물입니다. 인간은 어디서 왔다가 어디로 가는가에 대한 기독교의 대답은 '인간은 하나님께로부터 왔다가 하나님께로 간다'입니다. 기독교는 죽음을 어떻게 이해합니까?

1. 죽음은 인간의 죄에 대한 하나님의 형벌입니다.

   롬 5:12

   ....

2. 죽음은 하나님의 사랑으로 인간에게 주신 생명을 파괴합니다.

   고전 15:26

   ....

📖 **심화학습(1-2)**

● 죽음이 두려운 이유가 무엇입니까?

> **죽음을 극복한 예수님의 부활**
>
> 고대로부터 사람들은 죽음을 극복하기 위해서 많은 노력을 해왔지만 결코 죽음을 극복하지 못했습니다. 그러나 기독교는 예수 그리스도의 부활을 통해 죽음을 완벽히 극복하였습니다.

3. 예수 안에서 죽은 사람을 '잠자는 자'라고 하였는데 그 이유가 무엇입니까?

   살전 4:14

4. 바울은 "죽은 자들이 어떻게 다시 살아나며 어떠한 몸으로 오느냐?" (고전 15:35)라는 질문에 어떻게 답을 해주었습니까?

   고전 15:36

5. 예수님의 부활은 죄와 죽음으로부터의 승리입니다.

   고전 15:17

📚 **심화학습**(3-5)

- 죽음을 극복할 방법은 무엇입니까?

> **온전한 예수님의 부활**
>
> 예수님은 죽은 자의 부활을 믿지 않는 사두개인들에게 "부활의 몸은 천사와 같다"라고 하셨습니다(막 12:25). 천사는 영적인 존재임에도 불구하고 지상에서 하나님의 일을 수행할 때는 인간의 육체적 몸의 형체로 나타날 수 있고, 지상에서의 사역을 마치면 다시 천상의 영적인 세계로 돌아갑니다. 예수님도 아직 의심하는 제자들에게 부활의 확신을 심어주기 위해서 40일 동안 아브라함에게 나타난 세 천사처럼(창 18:2) 육체적인 몸으로 나타나셨습니다. 또한 예수님은 제자들이 보는 앞에서 하나님의 보좌 우편으로 승천하셨습니다(행 1:9). 그러므로 예수님의 부활은 부분적인 부활도, 반쪽 부활도 아닌, 온전한 몸의 부활이었습니다.

6. 부활의 몸은 자기 정체성에 있어서 같으나 완전히 달라진 변화된 몸입니다.

요 20:19-20

요 20:14

> **죽음을 잘 준비하는 그리스도인**
>
> 부고장을 받아볼 때마다 떠오르는 라틴어 문장이 하나 있는데 '오늘은 내 차례요, 내일은 네 차례(Hodie mihi, crastibi)'입니다. 이 세상에 죽음만큼 확실한 것도 없는데도 사람들은 죽음을 준비하지 않습니다. 그 이유는 간단합니다. 다른 사람의 죽음을 보면서도 나의 죽음은 인정하기 싫고, 늦게 만나고 싶어 하기 때문입니다. 그러나 삶도 선물이지만 죽음도 선물입니다.

7. 죽음이 찾아오는 순간까지 부르심을 따라 살다가 죽음이 찾아올 때 기쁨으로 잘 맞이해야 합니다.

벧전 1:3

📚 심화학습(6-7)

- 다가오는 죽음을 기뻐할 수 있는 이유가 무엇입니까?

📚 핵심정리

고대로부터 사람들은 죽음을 극복하기 위해 많은 노력을 하였지만 극복하지 못했습니다. 기독교는 예수 그리스도의 부활을 통해 죽음을 극복하였습니다. 부활의 몸은 이전의 몸과는 다릅니다. 그 몸은 예수님처럼 공간과 시간을 초월한 몸입니다. 죽음은 하나님의 뜻에 따라 결정된 하나님의 계획이므로 기쁨으로 죽음을 맞이해야 합니다.

📚 12과 1주 차를 통해서 무엇을 배웠는지 함께 나누어 보세요.

📚 결단의 기도

12과 2주 차

📚 **함께 나누기**
- 지옥과 천국을 생각하면 어떤 이미지가 떠오릅니까?

📚 **성경 속으로**

불신자의 최후의 상태(지옥)

최권능 목사는 "예수 천당! 불신 지옥!"이라는 구호를 외쳤습니다. 그의 전도 방법이 많은 사람에게 판단을 받았지만 분명히 천당과 지옥은 예수를 믿고 구원받은 사람과 예수를 믿지 않은 사람이 확연히 구별되는 최종 심판의 결론입니다. 심판에는 개인이 죽었을 때 한 사람씩 받는 개별 심판과 이 세상이 마칠 때 모든 사람 앞에서 각 사람이 받은 최후 심판이 있습니다(마 25:46). 그중 최후의 심판은 세상 종말에 그리스도께서 재림하여(행 10:42) 온 인류를 대상으로 심판하심을 말합니다. 이는 육신의 부활과 주님의 재림이 있고 난 뒤에 이루어집니다. 개별 심판이든 최후 심판이든 하나의 공통점이 있습니다. 그것은 '예수 천당과 불신 지옥'입니다. 성경은 지옥을 '꺼지지 않는 불(마 3:12; 막 9:43), 지옥 불(마 5:22), 영원한 불(마 18:8-9), 마귀와 그 사자들을 위하여 예비된 영원한 불(마 25:41), 그리고 영원한 불의 형벌(유 1:7)'이라고 표현하였습니다. 지옥은 어떤 곳입니까?

1. 지옥은 한 사람의 운명이 완전히 결정된 고통의 장소입니다.

   마 25:41

2. 지옥은 하나님의 현존이 없는 곳입니다.

   마 10:28

3. 지옥은 모든 것이 단절된 곳이고, 형벌은 영원하며, 결코 취소되거나 바꿀 수가 없습니다.

   마 25:46

심화학습(1-3)

- 당신은 지옥이 있다고 믿습니까?

신앙인의 최후의 상태(천국)

예수님께서 갈릴리에서 처음 복음을 전파하셨을 때 핵심 내용은 무엇이었습니까? "회개하라 천국이 가까이 왔느니라"(마 4:17)라고 하셨습니다. 예수님은 앞으로 있을 천국의 모습을 자신의 사역을 통해 보여주셨습니다. 그것은 귀신을 쫓아내며 병자를 치료하고(막 6:13; 마 4:24), 죽은 자를 살리며(눅 8:49-56), 인간이

> 가지고 있는 무거운 짐(마 11:28-29)을 해결해 주신 것입니다. 이 모든 것은 죄 때문에 만들어진 것입니다. 그러나 죄의 삯인 죽음을 이기시고 부활하신 예수님은 우리를 위해 영원한 처소를 예비하기 위해서 천국으로 올라가셨습니다(요 14:2-4). 예수님과 함께한 천국은 어떤 곳입니까?

4. 천국은 예수님이 계시는 곳이며, 우리가 그분과 함께 영원히 사는 곳입니다.

   요 14:2-3

5. 천국은 하나님의 온전한 다스림이 있기에 죄로 인해 만들어진 '눈물과 사망과 애통과 아픔과 염려와 근심 같은 것들이 다 제거되고 없는 곳'입니다.

   계 21:4

6. 인간의 언어로는 표현할 수 없는, 아름답고 찬란하고 영광스러운 광채로 이루어진 곳이며, 하나님의 얼굴을 직접 바라볼 수 있는 곳입니다.

   계 22:3-5

> **천국에서의 삶**
>
> 천국은 지옥과 다르게 하나님이 현존하시는 곳입니다. 구원받은 자들이 하나님과 함께 거하는 천국은 이 세상과는 전혀 다른 곳입니다.

7. 천국에서의 우리의 삶은 어떤 모습일까요?

   1) 안식을 누리는 삶입니다.

   히 4:9-11

   2) 예배의 삶입니다.

   계 19:4-5

   3) 봉사의 삶입니다.

   계 22:3-5

📚 **심화학습(4-7)**
- 천국에서는 상급들이 존재합니까? 존재한다면 그 상급은 어떤 것입니까?

📚 **핵심정리**

　천국과 지옥은 예수를 믿고 구원받은 사람과 예수를 믿지 않은 사람이 확연히 구별되는 최종 심판의 결론입니다. 지옥은 하나님이 없는 곳이며, 모든 것이 단절된 곳이며, 영원한 형벌로 이루어진 고통의 장소입니다. 이와 반대로 천국은 하나님이 함께 계시는 곳이며, 죄로 만들어진 눈물과 사망과 애통과 염려와 근심들이 다 제거되고 없는 곳입니다. 천국에서의 우리의 삶은 안식과 예배와 봉사로 이루어지는 삶입니다.

📚 **12과 2주 차를 통해서 무엇을 배웠는지 함께 나누어 보십시오.**

📚 **결단의 기도**

memo

memo

memo

Re, 믿음 세우기 - 학습자용

1판 1쇄 인쇄 _ 2024년 2월 5일
1판 1쇄 발행 _ 2024년 2월 15일

지은이 _ 정학송
펴낸이 _ 이형규
펴낸곳 _ 쿰란출판사

주소 _ 서울특별시 종로구 이화장길 6
편집부 _ 745-1007, 745-1301~2, 743-1300
영업부 _ 747-1004, FAX 745-8490
본사평생전화번호 _ 0502-756-1004
홈페이지 _ http://www.qumran.co.kr
E-mail _ qrbooks@daum.net / qrbooks@gmail.com
한글인터넷주소 _ 쿰란, 쿰란출판사
페이스북 _ www.facebook.com/qumranpeople
인스타그램 _ www.instagram.com/qrbooks
등록 _ 제1-670호(1988.2.27)
책임교열 _ 박은아·최진희

ⓒ 정학송 2024 ISBN 979-11-6143-923-5 94230
　　　　　　　　　　 979-11-6143-922-8 (세트)

책값은 뒤표지에 있습니다.
이 출판물은 저작권법에 의해 보호를 받는 저작물이므로 무단 복제할 수 없습니다.
파본(破本)은 구입처에서 교환해 드립니다.